四兩撥千斤

涂鄂良 —— 著

《四兩撥千斤》是一本敘述我自小到老、從無到有，藉事業生涯的軌跡來和大家分享過程、汲取經驗。它提供了一個難得又多元，趣味也嚴肅的往事及執著的信念。

人自出生仰賴父母的經驗，及長學習斟酌與拿捏，進了社會追求未來，待老方知人生自始都在四兩撥千斤及善用既有的資源中成就自己，各顯神通取決先後。

捨去高中時的半工半讀，22歲服完兵役進入社會，在臺灣13年中服務了三家外商公司其時就決定了自己40歲創業的決心。因而辭去了高職高薪前往美國投入全新的環境寬廣自己的視野，費時2年餘又歷經了四家公司，于創業前3年35歲時，再度返台踏實地服務了另外三家本地公司，前後共十家公司耗時近20年深度地涉獵國際貨運、貿易及製造等業，才明白了產業間整合與結合是大勢所趨，也確認了自己的經驗與能力，終於如願在1984年充滿自信地創業迄今凡38年並仍持續中。這本書就是回顧與檢析我的職業生涯。

其實無論就業或創業，過程中總要虔誠謙虛

地用心學習，駕輕就熟後就要勉強自己離開安逸。 寧可做過後悔，也不要錯過後悔才是取捨， 人至少在 35 歲前要心無旁騖地接受挑戰及考驗，那就是成長，成長了就會做出對未來一生聰明又恰當的抉擇。

　　都知創業維艱但那不是激情或幻想。一旦下定決心，盯住目標，守住堅持，既然出發，不言回頭。

　　近一甲子的體驗才明白四兩撥千斤概念的重要。古希臘科學家阿基米德說：「給我一個支點，我就能撬動整個地球。」是啟示也是激勵。 即使每個人的穹蒼不同，但支點的含意總相仿，都在身邊就是想法。善用既有的資源，就是歷久彌新的方法。

　　人之所以偉大，就在於對支點有著豐富且迥異的想像與執著。有了槓杆（資源）用對了力矩（方法），就有了機會。

　　我們周遭總有無數的既有資源，只要把握住四兩撥千斤的奧妙，就處處有機會發揮。這本書是我真實的寫照，不敢勞名人寫序，面對美言與善意會讓我心虛。

　　盼這本書能發出螢燭之光引你找到支點，為自己撐起一個精彩的人生。

　　祝福您！

涂鄂良 2022/8

《四兩撥千斤》 目錄

第 1 部

成長記憶

●第一篇 我的少年歲月

　　1944 年二戰末期，父親時任中國巴東某戰區指揮官，駐紮面對日軍瘋狂仰攻的第一線湖北省恩施縣，是陪都重慶保衛戰的最前哨，責任艱鉅，三餐不繼，無日無夜，面對敵軍孤注一擲的全力仰攻，而我軍雖居高臨下卻裝備落伍、人疲馬困，戰區官兵與眷屬在父親帶領下都抱定了犧牲生命、視死如歸的決心。那年 4 月 4 日，我在戰地出生，無知於戰爭的緊張，無視於炮火的煙硝，生死一線。如今方領悟絕處才能逢生。嬰兒時的記憶，猶如磐石

1947 年，作者三歲坐在父親左大腿。

上打的鐵樁，既堅定也穩固，卻標示了安全奮鬥正是我生命的元素、向上的動力。

撤退來台時的少年

　　1949 年時僅六歲，秋冬之交，全家隨父親銜命從廣東珠江口率軍搭艦撤退來台，首抵高雄靠岸，翌日稍事整頓，再由高雄搭鐵路移師東岸花蓮駐防，年餘又隨父親調職宜蘭生產班主任，再轉台北任職國防部，並暫住潮州街，其時台北常有空襲，父親總擔憂，經親友們推薦、安排家人遷往中壢鄉下。因桃園中壢是客籍先民聚居之所，而我們祖籍於五胡亂華時，由中原遷江西再南移落籍至廣東蕉嶺，隸屬客籍……。鄉親們視父親為族中將軍大老，亟盼我家人遷往中壢平鎮鄉下，並以半買半送的條件購得數百年墓地旁的一塊無用旱地，建一平房，做為全家八年抗戰連年逃難流離失所後的一個避風遮雨、安身立命的小屋。那年我七歲，就讀中壢國小，房子在施工中，我們暫租農宅棲身，父親仍在台北上班，隔週火車通勤返家。

　　從租屋處走到平鎮鄉下房子的建地相當遠，沒有公車，步行約一個半鐘頭以上，在那個物資極度匱乏，吃得飽算是幸福、穿得暖就是奢侈的年代，全家靠配給軍糧總不夠吃，我們小孩總把農家房東堆棄在床板下準備餵豬、長相難看、沒有清洗的番薯籤

或番薯尾，在餓得發慌時就伸手到床板下偷拿，將表面的乾土灰塵搓掉就當成副食啃著充飢。少不更事，卻不知曾有無數蛇、鼠、蟑螂、小蟲爬過及咬過，不久果然禍從口入，我同時染上了極其嚴重且會傳染的傷寒與痢疾，在那個屬於無藥可醫的年代，父親不在家，後母束手無策，於是就請堂叔長工將我移往平鎮鄉下、尚在施工、無水無電且滿地泥巴的空屋，在乾草上鋪了軍毯住下隔離，任我自生自滅，避免傳染全家，那也是不得已的安排。

我年紀雖小，但似乎長期在戰爭與逃難之中，早已養成了聽天由命、任命運擺佈的慣性。每天早上，長我三歲的大哥走一個半鐘頭送來整天的餐飲予我，毫無治療與照顧，如廁也必須在空屋外的溝渠解決。晚上無水無電，整晚田鼠在覆蓋的軍毯上竄來竄去，總是在驚恐中昏昏入睡。猶記某日颱風來襲，狂風驟雨，大哥根本無法出門送餐飲，即使有心也是百般無奈；我整天沒吃沒喝，終日哭泣等待讓聲音都嘶啞了，半夜裡狂風驟雨，毫無燈光，既怕又渴，既睏又餓，只剩微弱的嗚咽哭聲相伴。

寂靜中悚然驚聞有腳步聲，黑暗中好似有昏暗的油燈出現，嚇得我半死，恍惚中以為是小鬼索命，來人也驚恐訝異，沉聲問我：「喂！小朋友你怎麼會在這裡？」聽到有人說話，我當下嚎啕大哭，不能自己，邊哭邊說自己病重的來龍去脈，也搞不清楚自己到底說了些什麼，這位好心的大人沒等我說完，就把我攙扶起來，走到隔壁房間，那兒還有好幾個人圍坐在一個火爐邊，盛

了一碗蕃薯稀飯，配上豆豉小魚乾、鹹菜，我三口兩口就吞下肚，那真是我這生最難忘可口的救命一餐。

　　原來這些工人因颱風在附近做工無法返家，只好跑來我家空屋避颱，卻無意間救了我一命。週餘後，不知何故，我的病竟然不藥而癒，其實當時渾渾噩噩過了，也不覺得有什麼特別，如今回想，可真是走過鬼門關，大難不死啊！

高中時期的恩師

　　就讀初二時，父親分配到台北的眷村宿舍，我們才由中壢鄉下搬回台北長春路龍江新村，因我功課不好，勉強插班考進在新生南路二段大同中學夜間部（今日金華國中），後又遷至長春路。畢業後也考不上一般的高中，糊里糊塗矇上了台北省立商業職業學校夜間部。

　　高中時期，我已經半工半讀了，旁人看我雖聰明但頑皮又好玩，成績忽高忽低像打擺子，父親戲稱我「鵝卵石」，意思外型雖好但體內無物，虛有其表。其實「鵝卵石」也不賴，隨河水而安，不爭不搶，沒煩沒惱，我甘之如飴。

　　我偏好藝文、歌唱與運動等……，也幸運地遇到了改變我一生的恩師 — 嚴伯庥先生，他是我夜間部高中四年的唯一導師，也是國文及時事評論的專任老師，他上知天文下通地理，無所不

知，他曾是抗戰時的流亡學生，深具愛國情操與中心思想，為人耿直，外剛內柔，面惡心善，總是不厭其煩地指導、鼓勵同學，尤其是我們幾個天不怕、地不怕的調皮學生，只有在他面前，我們才會靜如處子。偶爾我們犯了規，學校要記我們「過」，導師甘冒不韙，偏袒我們，說我們只是愛表現並無惡意，也設法記我們「功」，使功過相抵，逃過留校察看的懲罰，也給了我們懸崖勒馬的機會，才沒有變成社會的「邊緣人」。

在我成長過程中，導師對我的人生起了極為關鍵性的影響。他用慈父般的心情、態度，來關心、教化我們，也經常和同學們打成一片，讓我們如沐春風。在眾多師長當中，他的確是與眾不同，尤其對我在未來求學及人生奮鬥的過程中，銘刻了我做人要堂堂正正、做事要踏踏實實，而又人情味十足的烙印。嚴伯麻先生之於我，有著一生難以忘懷的教誨與師恩！

即使畢業後，我們一直都不曾真正離開過嚴導師與師母，也總愛藉拜訪而沉浸在兩老溫煦、有教無類的陽光下各奔前程，即使成家立業後，大夥仍常攜家帶眷圍繞著他們，常相左右。尤其自我 1984 年創業之後，每逢過年、教師節、我司年終尾牙及重要節日慶典，一定盛重親往邀迎導師及師母為主賓，他們也從來不推辭，總連袂出席，增添我無上的榮耀，而且我每年都心懷感恩地重複鄭重介紹他們予我司同仁及貴賓，所以同仁及許多國內外嘉賓都知道我有一位恩師。

15 年前，嚴伯㤢導師不幸病逝，令我懷念不已。他們賢伉儷從我公司第一年員工坐不滿一桌尾牙開始，到後來 50 餘桌的周年慶，未曾缺席過，給我無限的鼓舞及恩情。師母如今已 92 高齡，仍持續欣然參與。真是師恩重如山啊！

半工半讀體驗與學習

　　早年，家中兄弟妹們多，籌不出學雜費，常見父親總在開學前數日凌晨出門，深怕被人撞見往親友處借貸。初中畢業時，父親料我考不上好高中，就拿了一份空軍幼校的入學申請表要我去面試，父命難違，我只好拿著申請書，往當年在敦化北路與南京東路交叉口的幼獅廣播電台招生中心報考。其實我出生在戰火中，打心裡對戰爭就嫌惡、抗拒，到了招生中心見到許多同齡的人在排隊，我繞了兩圈，回頭就走，並將申請表扔進垃圾桶。

　　回到家，父親問我情況如何，我說我體檢未過。那個年代，物質極度缺乏，都在窮困中，連飯都吃不飽，營養不良，體檢未過是理所當然，父親有點失望但默然，我知道我傷了他的心，只好再嘗試省立台北高商夜間部考試，所幸被錄取了。

　　當時夜間部學生年紀都稍大，因大部分都是工讀生，趁著暑假，我也到處找工作，但對一個 15、16 歲的孩子來說，肩不能挑、手不能寫，要找份工作，談何容易。尤其在 60 年代，即便打雜

工都難如登天，處處碰壁，卻不放棄。某日走到台北公園（昔稱新公園）附近，看到公園路與襄陽路交叉路口的一棟大樓，張貼著招募業務員斗大字的廣告牌，門口有很多人在排隊，我也擠入行列，拿了個號碼牌，進入辦公室內填寫資料後，主持人要大家安靜坐下，開始發放簡介，原來是國泰人壽公司招募業務員。無需考試，經過一天短暫急就章的業務說明，有意願就錄取，第二天，就可以走馬上任當業務員了，開始招攬各種人壽險。天哪！那真是天上掉下來的禮物，如此簡單，真喜不自勝！

剛開始，年少不知愁，初犢不畏虎，牢記教戰守則：只要熱誠，無堅不摧。第一天，我深思熟慮，特別選在午餐後上班前，時間比較恰當，騎上我的老鐵馬，充滿自信地衝往平日閒逛所見到且嚮往的富人、高官居住的「蛋黃區」潮州街、青田街及金華街一帶去尋找客戶，下午約 2 點 10 分左右，千挑萬選，鎖定一家朱門高牆的大戶，憋住內心的狂跳，鼓起勇氣按下電鈴，心裡還重複盤算著，如何開門見山說服客戶買壽險的好處。

電鈴響了好一會兒，才見主人打開大門、睡眼惺忪粗魯地問我：「甚麼事？」他很不耐煩的樣子。我記得教戰手冊第一條，要有禮貌、耐心，於是小心翼翼但昂頭挺胸說：「我是國泰人壽公司的業務員……。」話猶未了，對方就大吼：「我在睡午覺，還觸我霉頭賣我人壽險？他媽的。」砰一聲用力關上了大門，夢碎了、天塌了，說時遲那時快，眼淚因委屈而奪眶而出，那年我

16 歲。

在那個保守的年代，談壽險是詛咒、觸人霉頭的事。我是一心為他好，他卻澆我一頭冷水還罵人，真是不知好人心。牽著老爺單車，站在原地好一會兒，開始懷疑「壽險」難道真是夭壽，這是哪門子的生意？只得壯士斷腕，當下決定永遠離開與我八字不合的壽險業務員工作，還好後來找到了重慶南路書店店員兼打雜的工作。

省立北商高職夜校，讀四年，三年級暑假時，我因特愛打籃球，熱了就買學校牆外路邊挑擔兩毛錢一杯的冰水喝，這下又是禍從口入，不久就感染了 B 型肝炎卻不自知，只覺疲累厭食，整日昏睡，四肢無力，體重遽降至 40 公斤，家人只當我是感冒，持續服用成藥數週……，當時家兄就讀海軍官校，巧逢暑假返家省親，中午抵家按鈴無人應，許久我才奄奄然起身開門，門一開，他見到我就像見到鬼一般，連退三步，一臉的驚恐，手指著我說：「你，你，你……。」然後丟下行李，拉著我的手就往外狂奔，叫了一輛三輪車，其時無 Taxi，速往南昌街一處他熟的中醫診所，我已虛脫，連說話的力氣都沒有，連拖帶拉往診所衝，有人排隊，稍後輪到我，恍惚之中見到一位老先生頭都不抬，只說：「右手伸出來」，家兄依言將我枯瘦的右手放置桌面，老先生頭也不抬，伸出指頭把脈，方一觸及我手，他猛然整個人從座位上跳起來大喊：「快叫車，去台大急診，要不然就晚了……。」話未完我已

昏厥。半夜醒來，我已躺在台大病房，兩手吊著點滴，鼻孔插著氧氣。住院三個多月，做過兩次肝臟穿刺手術，終於撿回一命。再次的大難不死，又逃過一劫。

●第二篇 鵝卵石也有內涵

「鵝卵石」封號跟著我，自初中起如影隨形，雖不以為意，反而經常以此砥礪自己。但「鵝卵石」沒有考上大學總是事實，只能去服兵役，幸運抽到憲兵忠貞 71 梯次，隨即前往台北市新生南路的憲訓中心新南營房報到。次日，又轉往泰山新的憲訓中心，接受四個月嚴厲的訓練，那是個剛成立不久的新營區，訓練共分前後兩個八週，環境草創，除了正常的憲兵特有的軍事訓練上課及出操之外，新兵還要搬運土石興建大操場。其中有兩件事是我成年後人生真正的轉捩點。

榮譽責任是憲兵的生命

第一件事是在前八週訓練接近結束時。某日中心指揮官傳令要我即刻到指揮部報到，令我忐忑至極，不知何如？跑步抵達，指揮官要我立正站在他辦公桌旁等候⋯⋯俄頃突見時任國防部少將參謀的父親著軍裝坐吉普車抵達，指揮官箭步迎上並行軍禮稱：「報告老長官，失迎了，請上座。」霎時，我心都快跳出來，心想完了，也見家父一臉愁容，勉強入座，稍事寒暄，方知家父是黃埔三期的老將軍，指揮官致函邀請他來訓練中心，實有要事報告，這下父親更是一臉狐疑，轉眼望向我，意思是「鵝卵石」

1965 年服憲兵役，榮譽心與責任感成了作者為人處世的永遠支點。

不知你又惹了什麼禍？我更是失魂落魄，如驚弓之鳥，平日除了挨罵之外，已極少有機會跟父親對話。父親一生忠貞愛國卻有志難伸，鬱鬱寡歡，擔心此次我不知犯了什麼滔天之過，又要讓他傷心了。只見指揮官不慌不忙站起來又向父親行個軍禮道：「老將軍，虎父無犬子，令子在前八週極嚴格訓練中表現分外優異，得到了本梯次最高榮譽獎，榮譽是憲兵的第二條生命……。」我看到父親張口結舌不知所措。事後他私下告訴我聽到指揮官的報告，他差點從椅子上摔下來……。自此父親對我刮目相看，他知道「鵝卵

石」蛻變了，而父子關係也因此拉近了許多。此後憲兵的標語「榮譽‧責任」就變成我一生信守不渝的原則。

第二件事是後八週在離結訓前一個月，我不幸罹重感冒，連續兩天高燒至攝氏 40 度，連長要我請病假休息，我以結訓在即為由表示不想延誤，依然咬牙出操。那次晚餐後，滂沱大雨中還有劈刺訓練，我終於不支倒在雨中，緊急呼叫台北三總軍醫院救護車將我送院急救，經脊椎穿刺檢查診斷是嚴重的腦膜發炎。當時同一病房尚有三位病友同志，一位在我入院三日後即熬不過，過世了，另外兩位陸續轉變成癲癇症（俗稱羊癲瘋）及半身不遂症，令我輾轉難安，因當時醫療水平及設備對腦膜炎而言近乎絕症。所幸我恪守醫生囑咐，病情日漸好轉。三週後某週日，連輔導長及連上兄弟連袂來院探我，並帶來結業證書及獎狀，即使還差一個月才完成訓練仍允結訓，並榮膺全梯次第三名，甚至指揮官特准無需病癒補訓。這真是莫大的鼓舞與榮幸。也讓我體會到「不計代價的努力，其收穫總是意外的豐盛」。此事除了促成我一生自信心的提升，也培養出我強烈的榮譽感，激發我對「凡事都要有榮譽（honor）、責任（responsibility）才能產生價值」的觀念。3 個多月的腦膜炎終於痊癒，又再次死裡逃生，也順利地完成 2 年的兵役於台北市憲兵隊退役。

如今回憶，方知服憲兵役時的「榮譽及責任」，才正是啟迪我一生事業生涯中四兩撥千斤最原始永不變的「支點」。

苦讀考入國立中興大學

　　退伍的前半年，父親對我有了期待，並教誨我要做個對社會有用的人，勉勵我努力讀書增加知識。但對一位剛服完兵役、北商夜校畢業生而言，這番話似乎滿遙遠的。雖然服役期間我也努力準備考試，但退伍第二天我就到長沙街原交通部會計處，擔任繕寫公文的臨時雇員，當時離大專聯考只剩三個月時間，而大學的錄取率是低於 20%。我真的沒有信心。但女友的母親在我服役時，就諄諄告誡既不高不富又不帥的我，想持續與她女兒交往，退而求其次的唯一要求，就是考取國立大學，否則免談。這可是個無理嚴苛的要求，讓我受到莫大的刺激，是可忍，孰不可忍，榮譽與責任心當道，我退伍前半年即向服役的台北憲兵隊要求請調文書士，管理文書檔案，朝九晚五以便拚命準備聯考，承長官體恤同意。那時可說是一天當兩天來用，死馬當活馬醫，拿出渾身解數，經過數月苦讀，學古人「懸梁刺股」一番的衝刺。但自覺考得實在有點普通。

　　放榜當日一早，我騎著腳踏車，懷著身赴刑場的心情，趕往和平東路師大校區圍牆看榜。當年國立大學只有台灣大學、師範大學與政治大學，希望渺茫，心虛得只敢從「榜尾」開始看起，越看越緊張，竟然榜單快看完一半了，還見不到我那既熟悉又獨

特的名字，硬著頭皮，吞著口水，還和著「鵝卵石」揮之不去的陰影，猛擦汗水，猛揉眼睛，一個一個名字往上查，心卻不斷往下沉，想這下可完了，憋住急促的呼吸，按住狂跳的心臟，口乾舌燥，戰戰兢兢，終於在那年由省立剛升格為國立的中興大學合作系（1971 年），看到我那可愛的名字向我眨著眼。霎時喜從天降，輕快地吹著口哨，愉悅地踏著風輪來到女友家門口（就在師大的後門），怕太囂張，只輕敲大門兩下，其實女友比我緊張，早已躲在門後，也輕輕將門開個小縫，心虛地輕聲問：「有沒有呀？」我輕點了頭，她才大聲狂叫：「你真考取國立大學啦！」命耶？運耶？我想其實都有，但更多的是榮譽與責任吧。

●第三篇 我的人格特質及獲頒特別獎

　　我的人格特性微不足道，只是開卷，讓讀者先有個印象吧了。在別人的口中，我被形容為「刀子口，菩薩心」。我在工作中總「與人為善」的個性，承自父母，無論是國內、國外的同仁或代理商都是我的團隊，同行競爭者也可能是我的幫手，彼此應該互相尊重，相互扶持。在同事與同儕的心中，始終認為我是「刀口婆心」，雖不中亦不遠，卻又不盡然，多數時候我也會苦口婆心、循循善誘，更有時我嫉惡如仇、正義凜然，快刀斬亂麻。例如1993年創業後十年的回祿之災，由於四樓同仁抽菸疏忽，導致火災，我在四樓的貿易部及旅行社盡成灰燼，並殃及整棟大樓外牆帷幕全毀，四樓及以下所有公司全數泡在水裡，我當機立斷，要求上下一心、劍及履及、妥善處理，展現了完全負責的態度，災後沒有一家公司向我提出額外賠償的要求，也沒有任何人提出危害公共安全的訴訟，整個事件化險為夷，其後好像反而仿如坊間傳言「愈燒愈發」的說法，真可謂吉人天相啊。

幽默和毅力是天生

　　在同仁朋友眼裡，我是位「幽默感」十足的人，相處時讓人如沐春風，而親友眼中，則是個待人誠懇、充滿想像力、反應敏

銳，做事認真執著的人，但我自知有倔強卻乏耐心、雖駑鈍卻堅持的個性，因此也常讓人感覺有壓力惹人嫌、遭人忌，其實我也是個常人。

在 1984 年創業後第四年，我就開始顯露了與生俱來的憂患意識，怕做單一生意總有危機，會對不起追隨我的員工，所以一則維持既有核心事業（core business）國際貨代物流的正常發展，二則尋找並嘗試新的可能。於是，在同一時期開過兩家西餐廳、房屋仲介、旅行社、七家百貨公司專賣店（Brio Toys）、寧波家具工廠，以及貿易公司等等，1987 年我就意識到本業將因大環境改變的影響，尤其中國市場開放而將蓬勃發展，遂冒著天下人的不解進入中國考察，自此對中國的認識與觀念才逐步改變，轉而專注於本業及相關周邊產業，求其未來相輔相成的發展，而將其他不相關的產業逐一出售或縮小。決定改轅易轍，於 1990 年起全力投入發展國際貨代物流及船代及相關業務，並在台灣、中國、越南、香港、韓國及美國等地陸續開設分公司。多年後回想，所幸當時快刀斬亂麻，正確的決策才沒有因分散心力浪費資源，而延誤或喪失了企業發展的前瞻與契機。

2013 年中旬，台灣公廣集團轄下的客家電視台選定並通知我，要來做人物專訪並錄製 45 分鐘電視節目。由當時導播游小姐帶領一個攝製小組，整整四天跟著我採訪、錄製、對話，蒐集我相關業務及生活的種種。摘錄部分錄話，以驗證我平凡中的崎

嶇。

　　大學吳同學說：「我們班長從以前到現在真的都做到了堅持、努力、忍耐、向上……。」

　　扶輪社 3520 地區林總監說：「他是個挖掘不完的寶藏，充滿著國際觀。」

　　航運公司周董事長說：「他是一個充滿熱忱及想像力的人，絕不墨守成規，令人欽佩。」

　　船務代理公司簡董事長說：「涂董事長對事業很執著很認真，是位無懈可擊的人物。」

　　集團副董說：「他是一位很聰明的人，只要事情有開端，一定主動積極完成，具備開疆闢土的個性，對老外特具吸引力與黏著度。」

　　集團執行副總說：「老闆待人很真心，當別人有需要的時候，他就幫助你，看你有才能，就會培養你。」

　　集團資深財務副總說：「涂董事長經歷火災、水災、地震及國外夥伴因故中止合作等多次的考驗，憑藉堅強的勇氣與毅力，化危機為轉機，愈挫愈勇，令人敬佩。」

　　中國區總經理說：「老闆的幽默感是信手拈來，不是刻意地展現，有時候一句很幽默的話，就可化解很多尷尬的場面。」

　　同為職員的女兒說：「爸爸是一個很熱情，很幽默的人。有時在家，因為太過勞累，比較嚴肅；同仁看到他的臉覺得嚴肅，

其實他私底下非常幽默，對人很大方，又重義氣。」

　　回憶早年，我花了很多時間專注在工作上，尤其 40 歲選擇創業，花更多的時間為工作奔波於世界各地，而那段時間正值孩子們的成長期，我無暇陪伴他們成長，身邊發生任何事，只能求助於母親。每當我回到家，卻也正是在外面累積很多負能量、壓力及憂慮的時刻。面對家人與孩子，我幾乎忘了身為人父的責任，甚至毫無耐心去聆聽與溝通。這是我此生永遠無法彌補的最大傷痛及遺憾！

選讀美國 EMBA 碩士學位

　　1984 年創業後，我幾乎像個空中飛人，一年之中總有半年或以上的時間，在全球各地勤飛勤跑爭取盡可能的業務，即使如此，依然不忘熱衷參與社團和社會公益活動，前後參加過青商會（JC）、獅子會（Lion）、美生會（Mason Bro.）等，並於 1996 年經友人推薦，加入了南海扶輪社。五年半後因緣際會，獲邀創社，於 2001 年 11 月底開始籌備，迄 2002 年 6 月 8 日授證名為「南天扶輪社」，系出南字輩。為了穩定新社的社務，我有將近一年半的時間無法如昔出國拓展業務，但為了增進本職學能，趁此時間我選讀了美國阿拉巴馬州立特洛伊大學（Troy University of Alabama）在台的遠距 EMBA 教學修碩士學位。

入學需要筆試、口試及正常入學程序之外，還要 TOEFL、GRE、GMAT 等英語認證，迫於時間我無法及時取得，校方特別安排校本部來台訪問的著名教授兼副院長蘇珊・歐德瑞吉博士（Dr. Susan Aldridge）親自面試方得入學。學生來自各行各業管理階層的大學畢業菁英，都兼具利用公餘之暇自動自發、專注學習、深入研究的創新精神，令人欽佩而深感壓力。當年我已58高齡，與年輕的同學一起學習，校本部每月由美國遴選一位頂尖的專業教授前來台北授課，在台停留約10至15天密集授課，週一至

2003年，阿拉巴馬州特洛伊州立大學 EMBA 畢業典禮亞裔畢業生與校長合影，最左為作者。

週五 18：30 － 21：30、週六 13：00 － 18：00，以及週日 09：00 － 19：00 上課，其餘三週的時間，則由學生各自依照教授指定的作業（assignments）找案例、查資料、作研究、寫報告，課程一氣呵成，毫無空檔，也不馬虎，教授也會隨堂邀學生上台發表高見，頗具挑戰，最後依照學生書面報告及電腦考試作為各該科的最後評鑑。前後共有 14 個學科，而最後商業策略（business strategy），則在美國阿拉巴馬州校本部（Troy, Alabama , USA campus）上課，同時完成畢業考試及舉行畢業典禮。

畢業典禮當天，寒風細雨。特洛伊州立大學秋季第 116 期畢業典禮，於 2002 年 12 月 13 日上午 10 點半在莎恬大廳（Sartain Hall）舉行，由總校長 Dr. Jack Hawkins Jr. 親自主持，參加畢業學生約 300 餘人，含學士 200 人、碩士 130 左右，還有若干博士。學生來自全球數 10 個國家及地區人士，台灣有 15 位。大家依序坐在大廳禮堂，當最後手握碩士畢業證書，帽穗由右撥向左的那一刻，心中真是感觸良多，回頭來時路，一個從初中到大學夜校生的「鵝卵石」，終於也取得了美國州立大學的高階管理碩士學位，而且來自台灣的 15 位同學中，僅有五位領到畢業證書得此殊榮，而我則得了第三名，似乎也就此讓我真的告別了「鵝卵石」形象。

當天下午，我因年紀最大，還接受了當地電視台的專訪，暢談老來學習的感觸及過程，算是為老學子們揚眉異域！授證及專

2003 年時的阿拉巴馬
州副州長 Kay Ivey。

訪結束，校長特別找我，說次日上午 10 點，阿拉巴馬州的副州
長（Mrs. Kay Ivey，Lieutenant Governor）要召見我，詢其何事，校
長表示：「也許因為凡去過台灣授課的教授幾乎在報告中都會提
到你，說你的學識、經驗教他們的比他們教你的還要多，不可思
議。至於召見你何事，我不清楚……。」

其實教授們謬誇了。我們都知道成為教授真的不容易，而他
們的研究教材多半來自廣泛的現實工商業市場成敗的資料，予以
彙總、研究、考證，再以大數據以及個人專精的見解，去蕪存菁
做出教學上的理論及教材。而我僅僅以數十年終日在國際商場上
征戰所面對的，及實驗的結果，匯總個人的意見表達，尤其我從
事國際貨代物流運輸業，接觸的是百業，牽扯的是全球，所以表
達的是當下內容，恐怕往往要比教授們接觸的紀錄至少早個三至
五年所致吧。

次日準時，校長陪我到蒙哥馬利市州議會廳面見副州長，
接待人直接帶我們進入會議室，她正在主持會議。看到我們到

來，副州長起身，熱忱地與我們握手並請入座，並當眾介紹說：「Mr. Tu。我聽到幾位著名教授強力的推薦，說你是個很有世界觀的航運專家⋯⋯。」我反而有點腼腆，因我不知道她到底要幹嘛。她繼續針對我說：「目前我們正在大力擴建莫比爾港（Port of Mobile），想聽聽你的高見。」我還是似懂非懂地望著她，她回頭看了身旁一位先生說：「你帶 Mr. Tu 去看看港口，順便簡報（briefing）一下我們的項目內容，看完即帶他回來，我等他。」她致歉不能陪我去，而她交代帶我去港口實地勘查並簡報的是港務局長（Harbor Master）。

在車上，聽港務局長大略說明後，才知道港口距市區不遠，並開始滔滔不絕地介紹港口及事情的緣由。原來這位女副州長主要是負責阿拉巴馬州經濟與工業的發展，而阿州是相對貧窮的州，年前好不容易招攬了世界五大汽車名廠來此投資設廠，但附帶要求必須要有完善的港口及運輸功能，國務院特別為此撥了極大的預算，也花了將近五年的時間做整體研究規劃，但副州長不十分放心，想藉此機會聽聽我的意見。我心中暗想，這是大哉問！此時車子開進了港區，我一面看一面思索，而不發一語，約莫過了 20 分鐘，我跟港務局長說我們回去吧！他大吃一驚說：「你放棄啦？」我笑笑：「沒有，這樣就夠了！」但他仍一臉的狐疑。

回到市政廳，副州長更是張著嘴一臉的疑惑。待我坐定，我環顧四周及與會人士，多是驚訝與不信的表情⋯⋯。他們心想，

才花了短短半個鐘頭，就能搞清楚狀況並且還能提建議？不是開玩笑吧！

副州長還很鎮定，耐住性子緩緩問我：「你看了港口、聽了簡報覺得如何？」我客氣地說：「請問你是希望客套還是真話？」她迫不及待的連聲：「當然是真話，當然是真話。」

我就很有自信地說，以整體而言，「Mobile 港口的發展計畫對汽車產業並無太多的助益。」話一出口，只見副州長滿臉漲得通紅，兩眼冒著金星直盯著我看，至少停了三秒鐘，然後回神問我：「為什麼？」我答：「我無法在短時間內提供技術分析，但是我可以就整體概念給予建議。」副州長聞言站起來，立刻把白粉筆交給我，在黑板上我做了如下的分析：

第一、莫比爾港雖是阿拉巴馬州唯一的深水港，但腹地卻多是平原、老地、沙土多，港口地處密西西比河支流莫比爾河的出海口，必然大量的流沙土淤塞港區，需要定時長期疏濬，將使得各項成本大增，效果不彰而失去應有的功能及競爭。

第二、擴港必須是擴建一個多目的多功能的（multi- purposes and functions）港口才有價值，若僅為單一汽車產業的投資而擴建莫比爾港，將失去港口雙向（two-way trade）運作及多功能的意義，單位成本也必然過高，而無法承擔大量汽車業投資者的期盼，必須深思其長遠報酬及短期效率，萬一造成撤資或遇到發展瓶頸，尾大不掉，反而更麻煩而得不償失。

第三、莫比爾港周邊歷史悠久的大商港林立，例如休士頓（Huston）、紐奧良（New Orleans）、邁阿密（Miami）、傑克生威爾（Jacksonville）、查爾斯頓（Charleston）、薩瓦納（Savannah）、諾福克（Norfolk）等。莫比爾港無論任何條件都無法與之相比，尤其是效率、經驗與成本，反而造成絕對的浪費，殊為不值。

大家目瞪口呆一陣沉寂，副州長沉著臉對著大家說：「那我們該怎麼辦呢？」大家面面相覷，現場有點尷尬。解鈴人還須繫鈴人，副州長對著我又說了：「謝謝你獨到精闢的解說，你說得都非常精準，只是我們詳細規劃了五年，請問你有解決的方案嗎？」副州長用有點乞求的眼神望著我。這也難怪，偌大的項目，這麼久的規劃竟被我三句話幾乎否決了，可想那份難堪，我若提不出解決的方案，恐怕全場要崩潰了。

於是我說：「我有建議（suggestion）但不算解決方案（solution）。」既然擴港不適，我建議盡早停止擴建莫比爾港的計畫；用大筆預算經費，藉阿拉巴馬州的地理位置，以及鐵公路及江運南來北往的交通樞紐地位（hub），倒是可以大力建設以阿拉巴馬州為美國南部的貨物集散進出物流中心（logistics center），來解決自己的困境，同時又可以與周邊各大港口做雙向的運輸互補與交易，豈不皆大歡喜……。

話猶未完，Mrs. Kay Ivey 果然反應極快，當下猛拍會議桌面高聲地說：「真是高見（great idea）。」未了接著說：「Mr. Tu

我們可以邀你做我們州政府的顧問嗎？」無怪十年後她就被選為州長迄今。我跟她說：「很抱歉，我有自己的公司在亞洲，還有數百名員工要養，不可能擔任你的顧問，但因我在全球造訪過不少的港口，港務局長若不嫌棄，我們倒可以透過電腦連繫、交換意見，至於物流雖然是我目前的主業（core business）之一，但物流兩大主因一是物品（products）二是流動（flows）在地都有其特殊的環境與規劃，我相信阿拉巴馬州已經有在地物流系統，若由政府出面整合，並大量投資軟硬體設施，必然能有極大的發展

2005 年，作者榮獲美國南方基督教領袖協會 SCLC 頒贈人權特殊貢獻獎。

空間及潛力。

　　因為行程的關係，我與校長必須先離開，副州長感激莫名，起身帶著幾位官員陪著我們走出大門，再三稱謝，揮手道別。

　　返台後，偶而港務局長禮貌性的會來電寒暄，或問些不關緊要的小事，但半個月後就寂靜了，畢竟物流不是他的專責。我也幾乎忘了此事。直到 2005 年的一通電話，再續了我和阿拉巴馬州的前緣，還因此獲頒讓我畢生難忘、引以為榮的「人權特殊貢獻獎」。

獲頒人權特殊貢獻獎

　　記得那是 2005 年 5 月下旬的某日，秘書轉來一通美國來電，自稱阿拉巴馬州選出的國會參議員 Mr. Charles Steele Jr.，說他受州政府之託，擬與另一位眾議員代表州政府到台北來拜訪我，詢問我何時得便？我詢其何事來訪？對方說見面再聊，我稱隨時歡迎。不數日，也沒要求接機，他們就直接連袂光臨我位於內湖的辦公室，Mr. Steele Jr. 較年長，特別客氣，一見面就表示感激不盡，他提及我為該州莫比爾港口擴建事直接提出了寶貴的建言，對當地的後續發展帶來極大的價值，讓我一時之間受寵若驚，請他們入座後，他才娓娓道來，州政府本意授勳予我，以表懇切的謝意，但因兩國無正式邦交，議會最後認為不妥而否決了，幾經審慎地

研議後最終議決，於 2005 年 8 月 2 日，由馬丁路德‧金恩博士所創的南方基督教領袖會議組織（SCLC）——全美最大的基督教人權領袖團體，頒發「人權特殊貢獻獎」給我，最足以代表阿拉巴馬州人民對我深切的感激，還特別強調這個獎代表著跨國界、宗教及人種的肯定。詢問我可否接受？毋庸置疑這是我的榮幸。

當時他告訴我，全球獲頒此獎至目前為止 18 位，多是美國人，且對人權有極大貢獻者，唯獨我是亞洲首位且與人權無關而獲得這項殊榮的生意人。

阿拉巴馬州政府安排了我全家四口來回商務機票、住宿以及當天機場接送的禮賓車等，極盡禮數送我們至州政府大禮堂接受隆重的頒獎，並邀我上台致詞，據稱當天現場觀禮嘉賓逾 2000 多人。

美國阿拉巴馬州政府為感謝我無私專業的分享與實質的建言，藉由非官方的 SCLC 人權組織代表政府表達由衷的謝意，可說用心良苦。個人總認為「人莫因善小而不為」，其影響殊難預料。

此事給了我很大的感觸和啟示，那就是在我們專業的領域裡，要懂得分享，分享越多價值越大；尤其，威權只會限制了我們的視野，減低了延伸的可能。面對人生切勿因善小而不為，也許是微不足道的提示，卻可以創造意想不到極大的善果。目前阿拉巴馬州已是全美第五大汽車製造州，年出口值超過 150 億美元，

也在全美經濟貿易發展評鑑最出色的州之一，州內的物流產業更是因此蓬勃發展。對此，我與有榮焉，也再次證明「百業交通為先，萬事溝通為上」的重要。足以為政府鑑！

成為 FIATA 合格訓練師

由於我的個性靈活、觸類旁通、舉一反三，也具深度的想像力與執行力，創業之初，即懷抱對國際貨物運送以及相關產業有無限的聯想與憧憬。自創產業名言，鼓勵自己與同仁，也分享國內外同儕，稱之「百業交通為先，萬事溝通為上」，瑞可集團的業務也循此而整合海運、空運與陸運，並結合周邊相關產業與服務，加上結盟（alliance）全球數百代理夥伴，共同建造完整的環球運輸服務網，之後也相繼成立了船務代理公司，經營貨櫃，運營散裝、冷凍、化學船及租賃等，還進入了電商及跨境電商保稅倉儲等業務。

2007 年，我取得了國際複式運送聯盟 FIATA 合格的會員及訓練講師資格（train-the-trainer）。該組職為 UN ／ WTO 全球最大的海面以上運輸諮詢單位，參加 FIATA，象徵著瑞可運輸集團取得國際貨物運輸的標記與質量上的認可。1997 年，我以台北市貨代及物流同業公會理事長身分親赴瑞士日內瓦 FIATA 總部，爭取並授權我們台北市海運貨代與物流同業公會，成為 FIATA 在台授

課及授證主辦的單位。之前凡想參加 FIATA 授課及考試取得證書者，必須至新加坡、瑞士或加拿大；FIATA 對授權的考核、面試相當嚴謹，過程也非常繁複，從上午 10 點起直到下午 3 點結束，我個人代表工會帶著八大本厚重的講義資料前去面試，FIATA 面試小組共七位成員，輪番依我帶去的資料，巨細靡遺逐一審核及質詢，之後他們再開會討論及表決，要到第二天中午才放榜，確定我們是否過關。想想我千里迢迢，經過編輯小組及授課老師們長時間辛苦及努力，再加上新加坡貨代協會（Singapore Freight Forwarder Association）給我們義務的指導，萬一不幸失敗，我如何對得起大家？當晚徹夜輾轉難眠。第二天中午宣布結果，幸運通過成為 FIATA 認定的合格訓練課目程序教材（proven vocational training educational materials），台灣成為繼新加坡之後，亞洲第二個拿到在當地授課並取得證書認證資格的國家，當時中國是以「觀察人」身分出席，之後中國急起直追，現在已經是可以直接影響 FIATA 決策的少數國家了。

　　我極為重視產業的教育訓練，尤其我們這個產業，是「輕資產」、「軟實力」的新興產業，必須區隔並配合重資產產業船公司、航空公司、重機械公司、貨卡、倉儲等的運作，確實需要強大的教育訓練概念以為有效的整合與結合做後盾。唯有培養出清晰產業當下與未來發展整體概念的人才，才能建立起正確的產業秩序與發展方向，以避免未來面對競爭時淪為劣勢！

1995 年在韓國首爾舉辦第 24 屆 FIATA 年會，作者與會並致詞。

　　目前台灣仍是透過台北市海運貨代與物流商業同業公會進行定期的 FIATA 教育訓練，從業人員必須經過全期共 240 小時的上課時數，且不能低於 80% 的出席率及考試成績達到標準，才能取得證書。證書的作用，除了在提升從業人員的知識、素質之外，也是員工國內外應徵及職位升遷的佐證，更是產業在增強國際間服務質量上被認可與接受的關鍵。

　　我們的 FIATA 教育培訓課程從 1998 年開始，自始我都上第一堂課稱為「國際海運貨代及物流業的概論」，共九個小時，迄今仍然持續，但概念講述要與時俱進、日新月異。概念清楚了，技術才有基礎。我定期更新 FIATA 的教育訓練課程講義，是希望培育下一代從業人員的素質與潛力，同時開闊他們的世界觀與同

理心，除了強化產業的基礎，在面對全球經濟轉型中更要有地球村的觀念以增強整體競爭與發展潛力。

我的奇妙數字因緣

我一生和數字「4」特別有緣。我是 1944 年 4 月 4 日出生，育有 4 個孩子，40 歲創業，公司在 1984 年 4 月成立，創設公司從 4 個人起家，初期設立辦公室地址在 4 樓，及後逢 921 大地震購買內湖的辦公室仍在 4 樓，父親在我創業時送我 4 個字「外圓內方」，我自己的座右銘也是 4 個字「盡其在我」，這對我一生的為人處事影響深遠，「榮譽・責任」四個字是我一生做人做事的原則，也是我的第一個「支點」，一生不忘「仰不愧天，俯不怍人」。

父親是黃埔軍校三期畢業生，畢生軍旅，個性耿直，忠黨愛國，不怕死、不貪財，犧牲奮鬥，一生清廉，經過北伐、抗日、內戰等重大戰役，在 38 歲時就被特別拔擢為陸軍少將，來台後因人事背景，調往國防部任高級參謀，有志難伸，鬱鬱至終。記得父親走前半年最後一次來公司探我，一則關心，一則鼓勵，並送我「外圓內方」4 個字，讓我終生受用不盡。不論做人做事，內心一定要有原則，不隨意改變，要方方正正，頂天立地。但外在態度無妨圓潤，重視和諧、與人為善，不樹敵、不固執，這樣

待人、處事和接物，就比較圓融通達，減少阻力，增加助力。人生歷練終也能改變個性，對父親自己也許晚了，對下輩可是忠言呢！

　　父親並語重心長地說：「你要好自為之，審慎行事，因為我們祖先無一人從商，你是第一位，而且目前似乎做得尚稱順利，我們涂家既無財力，也無人力能幫助你，你要好自為之。」父愛與期待溢於言表，讓我非常感動。原來老人家一直默默地關注我、憂心我，每每想到此總會令我潸然淚下，不知老父在天之靈可安好？

　　父親說完當下雙手沉沉地握著我說：「你一定要加油！」

　　我含淚點頭說：「我會的，父親請您放心。」榮譽與責任浮現心頭。父親仙逝後在靈堂封棺前，我偷偷將我當時四家公司的執照影本等，放入塑膠袋內，並置於父親的棺寢內，也默默稟告父親，我一定會認真地做，絕不辜負他老人家的期望，而我也確實努力實踐，未曾懈怠讓他失望。

　　人生命的價值在於過程，過程中充滿了人情世故與激勵奮發，結果只是每一段成敗的標記與評價。過程中一定要「盡其在我」，否則只是空留遺憾，凡事只要盡其在我，其功歸天，其心無愧，至於其他就次要了。這也是生命整體的價值。這一生我的座右銘就是「盡其在我」，唯有如此，才對得起自己也尊重別人。

第 2 部
工作歷練

●第四篇 發憤圖強 勤練英文

憲兵服役退伍的第二天，我到長沙街 1 號交通部會計處當臨時雇員，工作以繕寫鋼板、印送公文為主。期間考取了國立中興大學夜間部，一年後，1966 年，我 22 歲，經朋友介紹，進入台灣美亞有限公司擔任秘書助理，這是我進入航運界（shipping industry）的開始。這家公司代理美國洛克菲勒家族所屬的美洲海運公司（States Marine），當時以運送越戰的軍用物資為主。船隊航行全世界，各港都有自己的分公司或代理，租用專線電路發報（leased line），24 小時都在運作。電報室有五台收發報機，用來收發電報及緊急直接呼叫船上的作用，當時算是相當先進的設備。我是秘書的助理，兼收發電報，多是老闆的英文手稿，而各部門和船上、岸上、分公司與總公司間的聯繫則由部門直接回覆。

老闆 Sidney Chu 是上海聖約翰大學畢業，英文說寫極佳，只是字寫得漂亮潦草，較難辨認，比起老美有過之而無不及，若看不懂，就請教田秘書，他是流亡學生，是台北美爾頓補習班（Milton Institute）畢業，中英文造詣極高。每天老闆一早含著雪茄進公司，一直到下班，只用一根火柴，可見菸癮、氣派都很大。

學好英文是第一步

秘書的助理時常加班，但有「特權」可以出入老闆辦公室，偶爾還可以使用專線電話。當時我剛考進中興大學夜間部，英文程度差，為了能符合工作需要，必須盡快學好英文。學好英文首要會講，講得通順寫就相去不遠。公司除了老闆和田秘書，其餘英語水平較低，我只好他求。當年台北天母住了許多美軍顧問團人員及眷屬，越戰中男主人多半外派至越南或菲律賓，家中多半婦孺，我就利用每週六下午及週日全天在辦公室趁加班之便，用專線電話（想起來還有點罪惡感），按電話簿輪流打給美軍的家人，用生硬的英文聊天，練習會話與膽量。剛開始總戰戰兢兢，講話時常打結，有時話說一半接不下就掛了或老實招了別無惡意，只想練習英文聊天（chatting）而已，在那個純樸的年代多半不會拒絕，頂多婉拒在忙。如此反覆，日積月累，至少膽子有了，養成習慣，也常面對鏡子自言自語。老闆很喜歡我，覺得我很努力，為工作及讀書幾乎全年無休。

　　有一天秘書對我說：「小涂你來試擬一封簡單的英文電報稿給我看看。」我知那是嘗試，我花了大半天時間拚命查字典，東拼西湊弄得滿頭大汗，好不容易完成了我平生第一封英文電報稿，期期艾艾地呈給秘書，他看了一眼，就用極其不屑的口吻對著我吼：「甚麼亂七八糟，狗屁不通。」猛然粗魯地將稿子甩在地上，這突兀的態度讓我不知所措，自尊心大受打擊，卻也更激發了我務必要把英文學好的決心。

除了秘書的助理工作之外，只要有空我一定幫忙同仁處理製作船抵港時的裝船文件等，往往徹夜趕工，清晨返家，洗把臉、換件衣服，即返回原工作崗位，晚上我還得上大學夜間部，難免會影響睡眠與上課。當時的薪水很低，約新台幣 2250 元，感覺沒啥前途。正巧看到報紙刊登英商太古洋行（Butterfly & Swire）徵人啟事，我就告假前往應徵。面試時，郭董事長，香港人，一身英國紳士打扮，操著廣東國語，對我的應對表示很滿意，並要我第二天報到上班。那是太古新代理的一家船公司（Matson Line）。沒料到當時這個行業圈子很小，算是台灣第一代的船務公司，多從中國天津、上海或香港轉來，老闆彼此之間多認識，也有默契不可隨意相互挖角。果然新職報到次日下班前，郭董事長就把我叫去並對我說：「你們美亞公司朱老闆剛來問我，怎好搶他的人？」還曉我以大義，雖然他很想用我，但礙於情面只好請我明早回美亞去向朱老闆報到。次日大早，硬著頭皮回到美亞公司見朱老闆。

　　朱老闆問我：「為什麼要離開美亞？」

　　我據實以答：「在這裡整天打電報做文件，既沒有挑戰，也沒有前途，薪水太低不敷使用，感覺沒希望。」朱老闆聽了點點頭並說：「郭老闆給你多少，我就給你多少，你還有其他要求嗎？」

　　我想，既然開了口就直說：「我念大學夜間部，計畫要結婚，

還需繳學費付房租……。」

朱老闆很爽快地同意私下給我補貼。還不放心又問：「公司旗下有多個部門與分公司，你比較想去哪裡學習？」顯然朱老闆疼惜我，也懂我的心思，知道年輕人想多學一點。因此我就不客氣地說要求調到貿易部門萬德有限公司，在那裡，我可以學習處理出口成衣的整體作業，包括英文書信、接單、下單、驗貨、出貨裝機／船及押匯的全部流程。當時台灣成衣出口剛起步，真是忙得不可開交，因此可以接觸到大量的知識與挑戰，更重要的是英文說寫基本的溝通能力。

同時我還向朱老闆推薦，家妹原在某軍事單位當接線生，到公司正好接了我在電報室的工作職缺，老闆也欣然同意了。家妹比我守份在電報室待了七年，直到去新加坡結婚前才離開。朱老闆可說是我的第一位貴人。

沒想到因緣際會，事隔 26 年後，在朱老闆最失意時，讓我有機會回報他，感謝老天，此是後話。

調職到萬德公司工作兩年多，在 Bob Liang 總經理帶領下，學習、工作都很算順利，聽說他是朱老闆上海聖約翰大學的學弟，有一天詢我：「小涂，我要新成立一家兆德公司，把原萬德的所有員工及客戶全部轉過去，如果你要來，我歡迎你，若不來，我也不勉強！」這嚇了我一大跳，這不是叛變另起爐灶嗎？從「萬德」改為「兆德」以遂其野心，我未弄清楚情況前，未敢表態，

但認為事態嚴重，且違反道義，於是即刻向朱老闆面報，哪知，朱老闆不慌不忙地回我：「他若要你去，你就去啊！將來你有本事，也可以依樣畫葫蘆嘛……。」我怎好跟他學？只有婉拒了。後來我才了解其實他們之間有暗盤，只是當時「小朋友」哪裡會懂得那麼多？新公司不去，朱老闆也說：「美亞目前沒有缺。」因越戰停止，美亞生意也深受影響。我只好去了家妹認識的一船公司打工。

後來看到報刊美商海陸公司（Sea-Land Inc.）的徵人啟事，就去應徵也錄取了，我因堅持自己的耿直才換了個更好更廣的路走，人生際遇真是難料啊！

●第五篇 進入美商海陸 拓寬眼界

美商海陸運輸公司（Sea-Land Inc.）創立於 1960 年，是全球第一個發明貨櫃船（container ship）的海運輪船公司，之前海上貨物運輸都仰賴散裝船（bulk carrier）或雜貨船（general cargo ship）載運貨物。這家公司的創辦人麥可連先生（Mr. Malcolm Mclean）原是美國 Miami 當地的一家拖車公司老闆，他希望用船可以直接裝載拖車在海上行駛，往來遠地，節省成本及防止損失與偷竊。他終於在 1956 年開創了革命性的海上貨櫃船運輸事業，並導入全新的概念、全新的系統、全新的組織……。非常驚人也吸引人。

應徵美商海陸公司

前後我去應徵過兩次美商海陸運輸公司，第一次是 1967 年我還在美亞公司時，當時海陸公司剛來台籌備設立分公司，位於中山北路國賓飯店斜對面，我去應徵報務員（operator）當時只是個籌備處，僅經理與外務兩人。經理問我：「你來有事嗎？」我說：「來應徵。」他說：「我們是徵女性報務員。」我摸摸鼻子，只怪我生不逢時就離開了。

三年後，也就是 1969 年，我就讀大學夜間部四年級時，第二次在報上看到美商海陸公司徵男業務代表（male ／ sales rep），

先寫信去應徵，兩週後接到通知往台大徐州路圖書館筆試。當天清晨下著大雨，匆忙沒帶傘，空著肚子，抓著考試通知單，衝出大門趕往未知的將來。筆試地點在台大圖書館，台大對我始終可望不可及，連遍尋報到入口處都不著。狼狽中巧遇另一位應考者夏先生，也是不得其門，於是我們一起找，待找到，已過了報到的時間。考官在入口處看到我們問：「兩位是來應試吧？」我們一身狼狽齊聲應道：「是的。」考官又問：「通知單報到時間早過了，怎麼現在才來？」我頂著一頭的雨水及汗水說：「大雨，路又不熟，耽誤了，拜託讓我們應試吧！」幸好考官還通人情，讓我們進了考場。記得是考英文的智力測驗，館內黑壓壓坐滿了應徵的人，事後聽說高達 500 多位，只錄取十名業務代表，錄取率低於 2%，比登天還難！

當時，我也應徵了《讀者文摘》的助理編輯，該公司也通知我前往面試，因撞期而放棄。

兩週後竟然收到美商海陸公司的面試通知，至位於中山北路與錦州街口麗嬰房隔壁的一樓辦公室，接受人事經理的初次面試，應試者已減為約 50 餘人。又遇見夏先生，互相點頭為禮。

又過兩週，再接到第二次面試通知，比較刺激，這次面試是業務經理，只剩 30 餘人。又見夏先生，相視點頭代表祝福。

再過兩週，第三次面試只剩 20 人，由台灣區總經理 Mr. John Firman 親自執行。面試在總經理辦公室，進門先看到的是一位後

腦勺光禿禿的洋人，沒想到轉身，本尊竟是張娃娃臉、約莫 40 歲上下，老成持重的年輕老美。

Mr. Firman 的第一個問題是：「我們招募大學畢業生，你怎麼是肄業生 University students ？」（我的資料上寫著中興大學夜間部四年級）。

我答：「My abilities are higher than my education.（我的能力超乎學位）。」

總經理問：「課業會影響工作嗎？」

我答：「快畢業了，應該不會！」

總經理又問：「會應酬喝酒嗎？」

我答：「有需要就會。」

最後 Mr. Firman 還考我一道題，他問：「鉛筆和原子筆價格不同，鉛筆較便宜，原子筆較貴，但功能差不多，你如何說服我買原子筆？」

毫不思索，我答：「鉛筆的筆芯易斷，字跡不清楚，容易退色，形象不佳，作為業務員代表公司整體形象很重要……。」

還沒說完，他說 OK，於是就對著對講機跟秘書說下一位……，心中滿是忐忑！

一週後，竟然通知我去報到，前後折騰個把月的面試，卻對專業的集裝箱及航運知識隻字未提，只針對應徵者的性向與臨場反應著墨。這正是美商海陸公司務實的地方，知識技術易學，性

向反應難求啊？這影響著我一生徵人的重點。

　　巧的是，我都遇到的那位從筆試一路和我一起的夏先生，真的成了我的同事，可見旗鼓相當，人間事卻總難料。

特高薪令人羨慕

　　在那個年代，朋友、同學月薪大約都在新台幣 3500 到 4500元之間，初進美商海陸公司底薪是新台幣 7500 元，另加業務獎

1970 年與 Sealand 同事合照。左後方第四位為作者、第五位 Tony、第六位 Don Lambardo 業務總經理、最右為 Peter Tsai 高雄經理，前排最右為 Peter Han 台北經理。

金、車馬費補助等等，已是新台幣 12000 元，還有應酬交際費等，真羨煞同儕，也吸引了不少人才陸續加入其他職位。此次十位被錄取的業務代表（sales rep）中多半是大學英文系畢業的，其中還有兩位是英文報的記者（China News 及 China Post），更有來自日航、華航、西北航空等轉職人員，他們的英文能力都很強，只有我當時還在念中興大學夜間部四年級，我的英文程度與他們相比，真有段距離，尤其是書寫文法方面，當年若有谷歌（Google）就好了。

公司業務分為進／出口兩組，新進業務代表七位在台北，三位在高雄，當時台灣經濟正在起飛，適逢集裝箱運輸剛剛問市，新進業務代表一進門，上面主管就強調業務代表就是要知道自己管好自己。初期必須到櫃場（terminal）親身經歷了解貨物裝卸及集裝箱特性、專業及壓縮訓練，在最短時間內瞭解最新的航運概念與營運。最重要的是，自始至終都在強調業務代表必須能完全自主管理，學習並負責代表公司。

我們的工作之一是要親訪客戶，到工廠或倉庫教導他們如何使用新的貨物裝卸方式，計算材積、重量與運費等，訪問客戶後，即時將相關資訊鉅細靡遺傳予國外相關各處有關的業務代表手中，這些資訊包括：進出口商是誰、供應商是誰、買賣甚麼貨物、何時裝貨、何時到達、信用狀／交易條款、報關程序，提單艙單相關商業基本文件，以及客戶的特殊要求等等，亦即處理與國外

對口單位相關資訊的交換，也就是所謂的 Sales Leads（來往開發信）的內涵，加上必要的寒暄及相關要求等，這些的基本英文能力都是必要的（compulsory）。若語焉不詳或詞不達意，就會事倍功半，甚至失職。

當時公司的每位業務代表都配屬一位專職秘書，協助處理繕打業務英文信函及發電報等庶務，公司要求業務代表要盡量多發或即覆來往的英文銷售開發信，才能代表他的產能與績效。對其他九位同事來說似乎是輕鬆的工作，每天進出六、七封銷售信輕而易舉，但有英文能力障礙的我每天都坐困愁城，往往竭盡所能，一天也只能逼出一到二封而已，甚至週末假日都加班，很用心很努力，仍是瞠乎其後。

我的秘書非常盡責，也很要面子，看著別的秘書有說有笑，每天都忙得不可開交，只有她等我的稿子都急死人了，不到一個月，她終於憋不住了，就鼓起勇氣跟我說：「你若還如此，不要說你待不下去，我恐怕受你連累也會丟了飯碗。」讓我極度尷尬回她：「我知道了。」心中早已急如熱鍋上的螞蟻，卻苦思不得其解，也明知要提高英文程度要下功夫，但鐵杵磨成繡花針，哪能一蹴可及？遠水救不了近火，為此我終日茶不思飯不想，一心只求對策，不要真的害人又害己。

邏輯思考 化繁為簡

約莫兩個多月，一日亞太地區總經理馬歇爾（Mr.George Marshall）從日本東京總部來電稱要來台視察業務，並電告台灣區總經理 Mr. John Firman，指定召見我，但並未說原因。這事非比尋常，讓公司上下眾說紛紜，謠言四起，咸認我闖了大禍。那日 Mr. Marshall 抵台，在機場就透過秘書轉知，要我勿外出隨時召見。我管他的，反正沒做虧心事。不多時，Mr. Firman 陪同 Mr. Marshall 來到公司，並坐在總經理的辦公室，Mr. Firman 隨侍在側，全公司上下緊張無比，好似軍中年度戰備檢查，並通知我即刻來見，反正我沒做虧心事，心裡倒是平靜。敲了門，只聽 Mr. Firman 說：「Coming！（進來）。」入得門還未站穩，Mr. Marshell 將手中的雪茄往菸灰缸一放，馬上起身越過 Mr. Firman，三步併做兩步，立即緊握我手，親喚我名字並說：「Congratulations！Raymond, you have done a great job！（恭喜你，你做了一件了不起的事）。」並邀我坐下，再轉頭向 Mr. Firman 細說原委。原來美國紐澤西總公司收到各地許多業務經理與代表的反應，稱台灣有位業務代表快把他們逼瘋了……，就是我發無數的開發信，他們承受不了，經查每封開發信均格式化，卻內容豐富，毫無贅言。總公司認為這是了不起的創新（Innovation），當年 Sea-Land 公司就是因革命性的創新而成立，如今這業務開發信的創新，做到省時、省錢、省力，尤其效率極高，讓公司的創新再度相得益彰。一個年輕小夥子受此殊榮，嚇得我瞠目結舌不

知所以。

　　大約過了半年左右，我大學剛畢業就升了經理。此是後話，但過程卻驚心動魄。

　　Mr. Marshall 重新入座，並要我和 Mr. Firman 也坐下，才娓娓道出遠道而來約見我的原因，他說我把傳統客戶銷售信（Sales Leads）的格式化（format），讓他收到全球各地許多的業務代表及經理們無數良性善意的抱怨，為何在他管轄亞洲地區的台灣出了一位讓人深感壓力，卻又佩服不已的超級業務代表，令他既感驕傲也覺不可思議！

　　除此之外，針對我所提出的「催促策略」，更讓世界各地的經理爭相模仿、增加效率，紛紛猜測不知是哪位天才想出來的餿主意（great idea）？

　　Mr. Marshall 非常欣賞我的「兇悍」點子，並請 Mr. Firman 要求各部門即刻比照辦理，以提高公司的整體效率。此時，方知 Mr. Marshell 特別來台會我是為這樁，我和 Mr. Firman 恍然大悟，轉憂為喜。

　　由此事我得出了一個結論，那就是語言只是個工具，是一個「方法」，要如何找出一個有效的「想法」，那就更重要也更全面了。

　　經過這次的事件，我在美商海陸公司一舉成名，沒多久就被調升為台灣中區經理，管轄台中市、縣、苗栗、彰化、南投及雲

林的所有業務及服務，受到矚目，也開啟了我事業上首次的進階。那年我進美商海陸公司九個月，也剛好從中興大學夜校畢業。

同時也深刻體驗到劣勢往往是優勢，危機反而是轉機，只要用心牢牢抓住關鍵，就會有反敗為勝的把握，這正是所謂的支點。

改變我一生的主管

由於美商海陸公司在台業務因勢利導發展迅速，除了台北總公司、高雄分公司之外，也急於設立中台灣輕工製造業中心的台中分公司，專責四縣一市的業務及服務，台灣區業務總經理 Mr. Don Lambardo（義大利裔）在 Mr. Marshall 及 Mr. Firman 的舉薦下，擬調升我為台灣中區首任經理，前往開疆闢土。

當時我的直屬主管是台北總公司進口業務部經理 Peter 韓，他因業務與高雄分公司的業務經理 Peter 蔡（美裔港籍）時常意見相左，為了護主，我也得罪了蔡經理，因此韓經理總對我惺惺相惜、疼愛有加。某日中午，業務總經理有意將我調升台中分公司找我去面談，想聽聽我的想法，適巧蔡經理由高雄北上也在場，他極力推薦他的香港好友白先生（亦為高雄業務代表），當 Mr. Lambardo 詢我意見，我正思考中，蔡經理突然插嘴表示我可能英文能力不佳並不十分明白公司的意圖，建議由他用華語向我再說明白，不料蔡經理竟極盡能事地設法說服我不要去台中，因為在

台北可等更好的機會，尚且可以兼顧家庭。意即要我婉拒上意。當時我尚單純，感動他的善意，正猶豫間，他打蛇隨棍上，趕緊轉頭跟 Mr. Lambardo 咬耳朵，Mr. Lambardo 一臉狐疑並問我：「真的要放棄？等待台北經理的出缺？」我正在想如何委婉回應……，說時遲那時快，只聽蔡經理當即接口說：「You see, I told you！（看吧，我就說！）」結果就在 Mr. Lambardo 滿懷疑慮的一句「I see！It's a pity.」就離開了。當時我確實有點猶豫，大學畢業考在即，內人台北上班，長子不及周歲，不知如何是好？正好中計。差點錯過了人生中難能可貴的第一次跳龍門的機會，也幾乎辜負了上級的好意。出了門還依稀聽到「That is too bad.」……

當時正值午餐時間，辦公大樓共有六部電梯，我隨意選了一部準備下樓去吃午餐，到了一樓，門一開，我的主管韓經理就正好站在我搭的電梯口正要進來，抓著我笑問：「怎麼樣，談好了？」

我應：「我沒接受。」

他人像觸電般，沒頭沒腦抓著我的衣領，把我拉進電梯，氣極敗壞的說：「你給我回去告訴他們，你要定了這個經理位置。」一到八樓，他就一把推我出了電梯。就這樣，我衝進了 Mr. Lambardo 的辦公室並大聲說：「Mr. Lambardo，我堅持要這個經理職位。」只見兩人驚訝互望了一眼，隨即 Mr. Lambardo 開心

地回應：「That's right！（那就對了！）」蔡經理則悻悻然站在一旁無言地望著我，還在估量我這麼快這麼堅決跑回來的原因何在？

剛去台中，人生地不熟，吃了不少苦頭。初期為了方便省錢，就在台中公園附近找到一間二樓公寓當作臨時籌備處，也應徵了一位金小姐當秘書，就這樣展開我的新挑戰。這個台中分公司是要負責台灣中部五個縣市的業務推展及客戶服務。首先要登記註冊美商海陸台中分公司，這是我平生第一次到台中市，也是第一次登記公司。

剛到的第一天，較晚下班，下樓取車，竟然有位老兄站在我本田小車頂叫賣甘蔗，擠進人群，方知是我佔了他的夜市攤位，好不尷尬。好說歹說，拚命解釋，再三道歉，才請他下車了事。

後來趕緊將辦公室遷往自由路上的土銀分行大樓，現代整潔的辦公大樓，住處也由在地的老新天地旅館遷往剛開幕在公司斜對面的台中大飯店，秘書私下說，這才門當戶對嘛。也確實，工欲善其事，必先利其器。開始招考員工時，我才 26 歲，對外接觸並不多，許多行政庶務，都不曾碰過。兩個多月後，我們開始正式運作。當年的經理代表著美商海陸公司接觸的對象多是公司老闆或高階主管，隨時都可接觸到各行業的重要新資訊，並有出國訪問學習的機會，所以開始廣開了眼界，也明白了世界觀的重要。

那個年頭，能平日自駕車上班，手提 007 公事包，終日西裝革履，有豐厚的高薪，還有花不完的交際應酬費，著實是讓人夢寐以求、羨慕不已的天之驕子，當然也容易讓人得意忘形，甚至逐漸安於現狀，終至不可自拔而深陷誘惑。我一生總有憂患意識，也總是未雨綢繆，讓我隨時儆醒，也常能逢凶化吉、否極泰來。

中區的糊塗經理

對於新的任務，我戰戰兢兢，如履薄冰，非常用心經營。這家新創公司目標明確，著重地區分權、因地制宜，可發揮的空間很大，加上美商海陸公司沒有傳統制式可遵循的法條，運營好壞多取決於地區領導人的風格。一開始，我跟同仁首先確立公司所賦予的目標與責任，然後將業務及服務分別區隔、各自負責，我是經理帶領團隊，既具挑戰也多風險，彈性大則凝聚難。

工作開展後的第一步是做地毯式廣泛地拜訪較重要、較具規模的企業，深度自我介紹這革命性、創新性的海上貨櫃船運輸概念的知識與操作及優勢，總不厭其煩地去協助他們解決因傳統而轉型所產生的問題，這給客戶帶來新知與信賴，頗獲好評。而這正是總體知識經濟的起頭。

公司規模不大。員工五名，巧的是，我姓涂、秘書姓金，兩位業務姓胡及姓李，外加一位外務，久了外界都暱稱我為「糊塗

經理」！其中的胡員，自視甚高，文化大學畢業，英文、日文能力都很強，也有不錯的業務能力，東北人，個性倔強，說話直來直往，知我是大學夜校畢業，時常刻意和我意見相左，甚至頂撞，在管理與互動上讓我頗傷腦筋。記得剛入公司就牢記「自己管理，自己負責」，凡事責無旁貸，並要妥善處理。於是，我把胡員找來私下溝通，起初他態度傲慢，我耐心曉以大義。告訴他，請你來是「共事」，不是「打擂台」。如果在戰時前線，你是大學畢業生肯定是「軍官」，我高中畢業就去當憲兵，理當是「士兵」，我若不服從又意見多，恐怕陣前是會槍斃的，只是現在我只比你幸運，在民間企業當了經理，但商場如戰場，你意見時常與我相左，並不能改變事實，如何共同把事情做好比較重要，才能與同行競爭、爭取更高業績。經理負全責，我非常需要你的支持，同心協力，有意見我們可以溝通商量，既然我選了你，就不要破壞難得的緣分。經過一番詞懇意切的說明，終於他接受並配合了我的要求。日久見人心，我誠以待人，敬以治事，終於感動了他，並待我以他這一生最尊敬的朋友迄今。

下鄉訪客 幽默對談

當時的台中，輕製造產業特別蓬勃發展，諸如家具、鞋類、運動器材、機械儀器、橡膠輪胎及紡織成衣等等，因此工廠林立。

某天，一家「台茂」木業公司打電話來，秘書接的，說董事長指定要公司經理親往工廠，指導他們如何依照國外客戶要求有效裝載貨物於貨櫃中，依約下午6點前驅車抵達。這家公司工廠面積很大，在稻田中央，車停大馬路後，要走一段銜接小路，才能到達工廠，遠遠見到門前一位穿著短褲、背心，口嚼檳榔的人跟我揮手打招呼，我走近用挺生硬的台語問對方：「借問是台茂公司嗎？我找吳董事長。」

他沒理我說：「啊，你是哪裡？」

我很禮貌的說：「我是海陸公司」

他又問我：「是不是係練 Sea-Land？」

我馬上會意：「是、是，是 Sea-Land.」

他上下打量我說：「啊，你們經理呢？怎沒來？」

這門房挺負責的，我客氣的說：「嗯，我就是。」

天色已晚，約好時間怕遲到，我緊接著問：「請問吳董事長在嗎？」只見他老兄未回我話，轉頭將一口血紅的檳榔汁與殘渣吐到路邊水溝，清清喉嚨才說：「在啊！偶就是啦！」還問：「你就是經理哦？」

我學他的口吻回：「偶就是。」

然後雙方握手，哈哈大笑，從此變成了好朋友。其實台灣中部有實力的大亨很多，但都如此低調，很好相處，非常實在，了無虛華。

接著他笑問：「你做兵沒有？」那年我 27 歲，因 baby-face 常被誤會，經過解釋我是憲兵退伍，才由然釋懷。

引我入會議室，已有多人等候，說明邀我來此之意，遂展開熱烈的交談，首先將我準備好的幻燈片來協助他及他的團隊了解貨櫃船及貨櫃的操作，包括如何適當裝載產品於貨櫃之中，並建議未來外銷紙箱（export carton）與運輸嘜頭（shipping mark）的設計及內容，必須符合國際海關對貨櫃運輸的要求，而各種裝船文件該有的格式，以及現代海上貨櫃運輸的新知等等，磨到快晚上 10 點。原來他們生意太好，工廠一天分三班生產，業務部每天加班，幾乎全年無休，所以他說很抱歉跟我約下午 6 點。那個年代，幾乎每家工廠都是如此，家家都在拚命創造台灣的經濟奇蹟；台灣四面環海，毫無天然資源，靠的只是勤奮向上的人民，以及大有為政府的有效領導。

八年後，我移民美國西部，吳老闆贈送我一整個 40 呎貨櫃的木製家具以為送行，讓我深受感動。

詭異的幽靈事件

1971 年，Sea-land 大船 SL-7 首航香港，公司遴選我為代表前往觀禮，當時認識了許多香港海陸及各地到訪的同儕，其中與我接觸較多，也相談甚歡的一位林經理（Sadric Lam），他分享我許

多寶貴的經驗。兩年後，他因休假特地來台中訪我，還帶了兩瓶 Johnnie Walker 威士忌作伴手禮。晚上我邀了幾位好友接待他，美酒佳餚，相談盡歡，分手已是半夜，我略有酒意，仍駕車送他回酒店，然後返家。

公司當時為我租了一棟兩層樓小房子，還有院子和車位，行車順暢，停車無礙。老大三歲，內人正懷第二胎，家中有位幫傭。

我將車停妥，進大門入客廳，然後兩瓶威士忌酒放在餐桌上，才發現內人帶著老大竟然睡在一樓的傭人房。叫醒內人，詢她何故睡傭人房，她模糊中反問：「怎麼這麼晚？」

我應：「香港同事來訪，晚上應酬稍晚！」並問她：「怎麼睡在一樓？」

她睡眼惺忪應我：「我一直聽到院子落葉上，有腳步聲沙沙的來回走動，所以不敢上樓睡，剛好傭人又請假。」因為樓下也有浴室，她接著說：「等你在樓下洗完澡，我們再一起上樓。」

冬天晚上較冷，我習慣在澡盆泡澡，並看當天的報紙，傭人不在，浴室門就沒上鎖。當天浴室的燈有點昏暗，我走到客廳把落地檯燈搬到浴室，看報就清楚些。我躺進浴缸，光線似乎不夠，左手拿報，右手想把檯燈拉近些，說時遲那時快。整個檯燈急速飛過來黏到我手上，一股強烈的電流衝進我的身體。事後，據內人說我只淒厲尖叫了一聲「啊！」就沉寂了，她猛然由床上坐起身，本能反應是出事了，翻身下床，兩步併一步，衝到浴室，一

腳踹開未上鎖的浴室門，只見我瞪大眼睛、張著口，全身沉浸在熱水裡，報紙覆蓋全身……。她正準備去撈報紙，抬頭看了我一眼，見我滿眼的驚恐，她下意識把手收回，低頭驚見電線，才猛然拔下插頭，只見我悠悠然吐出了一口氣，好似死裡逃生，滿臉蒼白、毫無血色，全身顫抖，她立即將我如屍體般的身軀扶起帶離浴室，走向餐廳，我急指桌上兩瓶威士忌酒，她有默契，即刻開瓶，幫我灌下大大的一口，霎那，身體就回溫了，但全身神經疼痛非常，長達月餘，每日施打神經營養針，才逐漸痊癒，諸多巧合，又讓我走了一趟鬼門關。事情未了，恐怖的還在後頭……。

數週後，台北總公司一位詹姓（James）業務代表，家住台中，返中省親，順道前來探視，進了大門他就東張西望，好似來過，然後很詭異地問我：「你住這裡多久了？」

我說：「一年多，怎麼了？」

他應：「這好像是凶宅耶！」

「什麼？」嚇得我毛髮悚然。

他也不可思議地說：「很久前，我的一位舅舅曾經住過這裡，他為情所困，在旅店自殺往生了！」

嚇得我們趕緊覓屋遷出，難怪傭人晚上老是請假，事後才說，她老覺得家裡怪怪的，又不敢講，內人那晚覺得有人在院子走在枯葉上來回走動，其來有自。原來是一座「凶宅」啊！難怪租給台北來的外地人。事後問事，方知，我八字幸好非常硬，才逃過

一劫。但是也許這位冤魂因我而真正的解脫,寧非善事一椿。阿彌陀佛!而我,卻又經歷了另一次的劫數。

拒收紅包 贏得尊重

在海陸台中分公司待了八年,中部五縣市的工商企業幾乎都拜訪過,加上貨櫃船海上貨物運送的安全性與省成本等優點逐漸呈現,所以海內外市場上需求越來越多,尤其是每年旺季,可說真是一櫃難求。國外買主(buyer)在信用狀(L／C)上註明指定要裝 Sea-Land 海陸的貨櫃船,當時總公司每艘船的貨櫃都按北、中、南的運量機動性分配,但總是僧多粥少,很難滿足客戶的需求,尤其信用狀都規定了裝船的時間,萬一誤了船期,就押不了匯,拿不到錢,公司會有嚴重周轉的問題。在為艙位搶得頭破血流的非常競爭激烈時期,各方難免就會各出奇招,產生失序的現象,客戶在壓力下,不得不走後門,塞「紅包」買艙位。同行或同儕也多順水推舟,兩廂情願,而我堅持一切秉公,執行起來真的非常困難,我又絲毫不為利誘所動。當時海岸線有個大家族,產業多、勢力大,有次因信用狀押匯日期即將到,必須非要上特定的船不可,需要許多個貨櫃運送,老闆親自跑到我辦公室來要求特別幫忙,但他來遲了,我手上的貨櫃都被訂完了,必須要等兩週後的下班船。他說不行,非要不可,爭執之間,他突然

打開公事包，取出一個大紅包，此事已非頭一遭，依舊被我嚴詞拒絕，我告訴他若能設法，我一定本著良心幫忙，但不能因收他的紅包就退掉別人先訂的艙位，請他把紅包收回去，明早我再特別向總公司說明他的困難，他仍擔心堅持留下紅包才走，我告訴他我不接受「污辱」。他大笑指著我說：「你真是笨蛋，總公司的人都在收紅包，你不收？」這種似是而非的說法，我嗤之以鼻，我有我的堅持，同時隔天我仍然設法幫他解決了問題。

在那個經濟飛躍的年代，「紅包文化」是副產品，很盛行，政府民間收紅包習以為常，比比皆是，讓許多人賺了大錢。很多人堅信「不送紅包寸步難行」，但我仍堅持原則，痛恨「不公平」與「走後門」，我們做業務，就應該盡心盡力公平協助客戶。那位先生後來還當上了立法委員，也處處推崇「胡塗經理」所帶領的海陸台中分公司以不收紅包聞名。久而久之，客戶都給我們極高的肯定與尊敬。40 年後，我自己台中分公司的同事還會碰到一些老客戶依然豎起大拇指恭維「糊塗經理」一番。這讓我更覺得，無形但久遠不移的正直，才是人生中無可比擬的價值。

人生無常 夢境成真

我初進海陸公司時的直屬長官 Peter 韓經理，他帶領、薦舉也強迫我接任台中經理。我到台中大約兩年之後，他人高馬大、身

體健康、個性開朗，卻因不名之病，40 出頭就病逝了⋯⋯。

韓經理 Peter 與夫人 Jenny 朱，原都是 North West Airlines 西北航空公司台北辦事處的經理，後來 Peter 棄空轉海，Jenny 仍留在原職。他是那個年代的「高帥富」，我們很親近，我升調台中經理後仍時相往來。

西北航空公司非常重視員工的休假，一年提供兩張優惠機票予他們夫婦環球旅行，羨煞同儕，那年他們夫婦又到國外旅行一個月。

聽說 Peter 度假完返台上班第一天，人高馬大的他穿著全新購自國外名牌的白色燕尾服，打著黑領結，意氣風發的樣子，著實讓人驚豔。在那個保守的年代，沒有人敢穿著上下身全白禮服，還打著黑領結出門上班的。孰料，第二天他就染上重感冒，住進了當時的台北宏恩醫院（Country Hospital），聽說住院後，很快就由於不明原因而昏迷不省人事，四天之後就離世了，沒有留下任何隻字片語，令人既錯愕又傷心，尤其是他的家人，毫無心理準備，完全難以接受，更是悲慟不已。

Peter 的秘書 Sally 在他住院第三天才打電話告訴我，Peter 因病住院且昏迷之事，我聽了極度的震驚和難過。Peter 曾經是我進入海陸公司的第一任直屬經理，若非他的堅持，我恐怕就會跟台中區經理的升遷擦身而過。回顧過往，我們不論公誼或私交，都有極佳關係和默契。

乍聞此一驚人的消息，當天晚上我輾轉難眠，迷糊中我夢到了 Peter，夢裡的我去醫院探望他，他躺在病床上緊閉雙眼，病床邊站著醫生及護士，我輕聲問他病況如何，卻見醫生及護士們都攤開雙手、拚命搖頭，我猛然驚醒，全身飆出大汗，內心驚恐莫名，趕忙打開床頭燈，嚇得久久無法再闔上眼，因而驚醒了內人，兩人於是睜眼到天亮。

一早，我趕忙進公司，又不敢問秘書，她見我臉色難看、氣色不佳，問我是否不適？我不發一語，進入我的辦公室，就關上門，呆坐桌前，猜想台北 Peter 的秘書沒來電，肯定是我作惡夢而已，但心情還是極度低落，午餐也未吃。到了下午 4 點多左右，台北秘書 Sally 來電，哭得很傷心，告知我惡耗：「Peter 走了，嗚……」真是晴天霹靂，昨晚的噩夢竟然成真！那他應該至少也要有個託付啊！

過了兩週，我到台北參加 Peter 的告別式，告訴他的太太 Jenny，他臨走前一天我做的噩夢，Jenny 拚命抓著我的手，搖晃著哭著問我：「Peter 有沒有跟你說什麼話？因為他從突然進醫院到走了，都是昏迷，根本沒有留下一句話！」而我夢中的 Peter 也是一直處於昏迷狀態，一句話都沒說，我只能如實以告，並試著安慰 Jenny。

告別式結束，我惆悵、難過至極，心中茫茫然。返回台中，當天晚上睡夢中，Peter 竟然又入我夢。他操著慣用的上海講話口

音，出現在我的夢中並開口說：「嘿！老兄，我很餓、很冷，我沒錢……」嚇得我冒出一身冷汗，且又驚醒，再次喚醒內人，兩人又是整夜不敢闔眼。

天一亮，我立馬打電話給 Jenny，告訴她關於 Peter 託夢說的事，內容有些雜亂，但清楚記得他說又餓、又冷、又沒錢，請 Jenny 即刻安排燒些紙錢、紙衣、祭品和食物等給他。至於其他雜亂的事，可能因我驚嚇過度而不復記憶。Jenny 認為，這是 Peter 自從進入醫院走後迄今唯一的信息，也許睹物思情可以想起 Peter 的託夢及交代的事，並請我即刻北上，到 Peter 住處仔細回想夢中種種。

於是，第二天一早，我搭首班機直奔松山機場，到機場時，已有同事、好友等著接機，會合後，急忙趕赴 Peter 位在台北南京東路四段的家，Jenny 帶我及眾人先到 Peter 的書房，在書桌前靜坐默思，約半個鐘頭，我的腦子仍然紛紛亂亂，理不出個頭緒，之後轉往他們的臥室，我坐在床沿，Jenny、孩子及同事們都靜靜地望著我，我很努力回想，依然只記得 Peter 說他又餓又冷又沒錢的話，其他的就像所謂的「剪不斷，理還亂」。大夥兒都束手無策，經 Jenny 同意，再到 Peter 的辦公室再試試。在大家簇擁下，我們來到我熟悉的 Peter 辦公室，往事歷歷在目，不勝唏噓，靜坐 Peter 的桌前，片刻……，突然一個念頭閃過，此事好像和公司的外務小 Paul 有關，當即請人去傳小 Paul 前來。

「小 Paul，Peter 去環球旅行前，有無交代什麼事給你？」我問。

小 Paul 認真想了想，晃著腦袋多次用台語回答：「謨餒（沒有）啊！」

我當下認定小 Paul 沒想出來，於是徵得他同意，我們一夥人就到他辦公桌前去找我模糊記憶裡的蛛絲馬跡。等靠近現場，記憶似乎逐漸清晰了起來，我查看桌面很整潔，看不出什麼特殊之處，接著問小 Paul：「我可以看看你的抽屜嗎？」

小 Paul 表情很篤定，一邊說沒問題，一邊拉開抽屜讓我查看。抽屜裡都是文件，很有秩序，看不出異樣，我一面翻動一面想哪裡還會有線索呢？突然在文件的底層，我摸到一疊不是文件的物品，我趕緊翻開，在眾人驚嘆聲中，我拿出上面寫著 Peter 中文姓名抬頭的私人支票，厚厚的一大疊，總有數十張……。

小 Paul 才恍然甦醒，拚命拍著腦袋，驚呼：「啊！啊！這是Peter 出國前交給我的，因為工作太忙，忘記軋進他銀行戶頭了，他回國第二天又就住進醫院，然後……」大家不忍苛責，畢竟事發突然。

回顧 Peter 在人生舞台正值高峰，瞬間消失，從生病住院昏迷到離開世間，只有短短四天，沒有留下任何一句遺言，也沒交代任何生活細節，自是令家人茫然、不知所措，很是憂心。當整疊支票交到 Jenny 手中，她非常激動，拚命感謝。經過一層層的抽

絲剝繭，終於追尋出 Peter 託夢循線追出許多重要的資訊，讓逝者能夠安息、生者得到安慰！

此種靈異事件，讓我深覺，人與人之間的聯繫與感情，有時是超越陰陽兩界，彼此的思念、相互的溝通，有時無須言語；真是不可思議，卻如此詳實地存在！而我和 Peter 在人世間的情誼就此永別了，偶而想起，還是不免悲從中來。

曲終人散總有時

進入美商海陸公司九個月後，我調升台灣中區經理，長駐台中，一待就是八年多。有一天，接到台北總公司新上任的國際業務經理（International Sales Accounts Manager）吉爾先生的來電，說想來台中拜訪幾家美國大鞋業進口商的在台的採購辦事處及商家，我當即表示非常歡迎，並詢他何時到，方便前往機場接機。

沒想到吉爾在電話中說：「我們是兩個人要來，另一位是我女朋友……」話未說完，我已掛斷電話，當時年輕，血氣方剛，公正不阿，心想他出公差，首次來訪台中，竟是公私不分。因此我並未前往機場接他們兩位，而他也沒有再來電話，就此得罪了吉爾，從此結下了樑子。

不久台灣區業務總經理 Don 年休假，恰巧輪由吉爾暫代。這下他逮到機會，利用台中分公司每週例行報帳的發票找碴，以內

容「有問題」為由，扣撥費用，詢問會計，只說總經理代理不批准、無法撥款，此事從來沒有發生過，沒轍，只好自己掏腰包先代墊，一個月下來所費不貲。直到總經理 Don 結束休假，返台回公司，即要我到台北和吉爾對質以了解事情的來龍去脈，我們對坐在 Don 的大辦公桌前。桌上鋪滿了台中分公司的帳單發票及報告，Don 對內容有疑問的逐一檢視詢問，結果均無問題，Don 明知這是雞蛋裡挑骨頭，最終證明我是無辜之後隨即撥款，這件事總算讓我鬆了一口氣。不過，總經理 Don 口氣仍嚴肅地詢問我：「有人狀告美國總公司，稱你歧視美國人，這件事非常嚴重，你一定要說明清楚，否則很難了結。」他詰問這是否真實？兜了個大圈，原來這個才是吉爾心中的結……。

我首先請教總經理：「目前在台灣工作有幾位美國人？」

「有八位。」總經理回答。

再問：「有幾位說被我歧視？請問您有被我歧視的感覺嗎？」

總經理支支吾吾：「呵呵呵……，沒有，當然沒有。」

於是，我緩和有禮地說：「我們中國人從小的教育就是要對別人謙虛，禁絕歧視任何人，若真有人告狀，倒要問問是什麼原因他會被我歧視？」

總經理啞然，他只好藉口說，他剛返台，略顯疲憊，並表明要急著參加會議，必須要離開，就匆忙離開了。

吉爾看到總經理離開後，有點傻了，卻赫然從椅子上拔起，

拍著桌怒吼：「你怎麼可以指控我啊！」

我憋了很久，再也壓抑不住，並大聲回嗆：「我有說出名字嗎？」順勢站起來，一腳將椅子踢翻，並用英文加上：「You deserve it ！（你是咎由自取！）」

秘書在門外聽到很大的吵鬧聲，於是打開門，大喊：「不得了！打架了！」眾人衝進來把我們分開了。其實事後想想，真的沒有必要如此。因為總經理已經為我澄清了。

剛巧那個時候，內人的哥哥是美國公民，之前曾幫我們一家人辦理依親往美國移民的手續，手續也辦得差不多了。花了幾天時間我思前想後，我終於藉此提了辭呈，畢竟在一個太優渥的環境待太久，茶來伸手，飯來張口的日子會讓自己逐漸沉淪而失去鬥志。總經理 Don 有點失望，但知我終非池中物，不得已批准了我的離職，我毅然告別了美商海陸公司，它讓我度過了一生難忘這九年寶貴學習與成長的歲月。

從 1969 年進入美商海陸公司（Sea-Land Inc.），到 1978 年底離開，當時我 35 歲，正走在人生的坦途，聽說我辭職，親朋好友、同事、同學莫不為我惋惜，因誤會而離開咸認不值，為我扼腕。但我深信自己有大好的未來等著我去開發、去完成，而且五年內我若沒有學習到更多的經驗與更廣的視野，是不可能在 40 歲走進創業的大門。所以我沒有絲毫的猶豫及不捨。

我相信命運但我更相信努力。人格局的大小也許部分是命運

的註定，但心胸的寬窄卻是後天的塑成。其中許多的轉折拿捏及成功失敗都其來有自。有一首台語歌曲《愛拚才會贏》有句歌詞：「三分天註定，七分靠打拚。」當年進入美商海陸公司，即使是幸運過關錄取，確實始料未及，此後的峰迴路轉，就得靠努力突破障礙、扭轉頹勢，彰顯不同，好運才得以延伸。

　　移民美國是一個全新的挑戰，如果能夠克服異地生活，對我確是人生重要的里程碑。我本有展翅高飛的決心，因此，吉爾歧視事件與其說是「命運的安排」，不如說「命運的挑戰」。長年浸淫在優渥安逸的生活中總令我害怕擔憂，我曾下定決心，40 歲前務必獨立創業，離開美商海陸公司不過是踏出的第一步，那年我 35 歲，正好有五年的時間讓自己去打好創業的基礎，有機會到陌生的國度學習，適應及面對挑戰，毋寧就是最好的選擇。

　　回憶從前決心離開美商海陸公司（Sea-Land Inc.），雖是因吉爾事件的刺激，卻也正是開啟我創業的第一個「支點」。

●第六篇 首次出國 赴美受訓

　　1972 年在美商海陸公司擔任台灣中區經理時，公司選派我到美國各大港口及重要城市訪問，進行為期一個多月的訓練，同時參加美國中區及亞太地區聯合業務會議。這是我人生中第一次踏出國門，來到號稱全球最強盛、最民主、最自由和最富裕的國家，可真是讓人大開眼界，體驗了不同人種如何在這大融爐裡進行各種生活對話與深度交流，讓我深受激勵與成長，可說終身受用。

　　當時能夠被全球頂尖的公司選派出國受訓，必須具備開發潛力並值得栽培，這趟旅程對我而言，是人生中的榮耀及重要的轉捩點。

　　那個年代，鮮少人有機會出國，而年僅 28 歲的我，就以美商海陸公司台灣中區經理身分代表出國，手持護照，背負著不同的使命。公司對我們出國考察，深怕我會寒酸與委屈，極盡能事地提供優渥的條件，沿途更安排接機及高級住宿，既令人安心、也讓人羨慕。當年出國還在松山機場登機，諸多親朋好友、同學同事前來送機，都感到與有榮焉，場面盛大，自然更覺兩肩的沉重。

　　首站到東京，安排入住日本皇宮對面一級棒的帝國飯店（Imperial Hotel），晚餐後外出走走擔心會迷路，只沿著酒店周邊附近轉轉，竟碰見一位中年人鬼鬼祟祟靠近我，並小聲問：「Young man, are you hunting？（你在尋樂子嗎？）」為了裝老手，

好奇問了一些細節，卻無意嘗試。次日按表操課，做例行公事拜會。

接著飛往美西洛杉磯、西雅圖及加拿大溫哥華，進行一連串的參訪、拜會等。這種非常人性化的貼心行程，讓初訪者不會有時差（jet lag）的壓力，如此深思熟慮，令人窩心。

十月中旬抵達西雅圖，住在水邊客棧（Edge Water Inn），秋初處處飄楓紅，環境優美，傍水而立的客棧，住起來休閒舒適無壓力。入住第二天，沐浴洗完頭，卻遍尋不著帶來的吹風機及刮鬍刀，於是向客棧經理求救，他只稍微問了幾個問題，並送來替代應用，並說他會處理，次日我繼續行程，也沒擺在心上，只有自認倒楣，沒想到月餘後返台，即收到這家客棧寄來的支票，賠償我的損失並致歉，這讓我很感動，也顯示美國人的一般職業道德及信用水平，由這樁小事卻帶給我極大的啟示，對我未來的職業生涯中影響頗為深遠。事勿因大小輕重，負責就是一種職業道德（Business ethic）。

到訪加拿大溫哥華，時序十月中旬天已涼，當地公司的業務代表負責接待。從亞熱帶台灣來的我，早已感覺寒冬刺骨，適巧週末，他帶我上山，假日他都會去他那在山上的避暑小屋（summer house）度假，兼做些房子的簡單修繕，這是標準溫哥華人的生活型態，他穿著短衫短褲還汗流浹背地工作，我凍得發抖靠著火爐取暖，一步不敢離開，他邊工作邊與我聊天，感覺很新鮮，雖然

當時天寒地凍，心情卻是溫馨有趣，隨遇而安也有生活樂趣。

挺身維護民族尊嚴

兩天後，我飛到芝加哥海陸公司的中區總部，參加了美國中區及亞太地區的業務聯合研討會。會後，代表們在酒吧裡捉對喝酒聊天，我跟中區總經理等幾人坐在同桌。旁邊一桌十幾人喧嘩笑鬧異常，我回頭側目，正是一位日本代表手中展示一本當期的《時代雜誌》（Time Magazine），封面斗大的字寫著「男人的天堂北投 Mans paradise --- Taiwan／Beitou」，我知道他們無惡意只是戲謔，但心中很不舒服，即刻讓我聯想到二戰時的台灣（慰安婦），我當然生氣，並趨前提高嗓門詰問那位眉飛色舞的日本人：「你知道我是哪裡來的嗎？你覺得很好笑嗎？你是日本人吧！」現場氣氛頓時冷了下來，都盯著我看。

他說：「是，我是日本人。」

緊接著我說：「我來自台灣，《時代雜誌》裡說的台灣，男人的天堂，告訴你，我剛由東京過來，貴公司安排我住在日本皇宮對面的帝國飯店，你知道那飯店嗎？」

日本人答：「當然知道，那是個一級棒的飯店。」

眾人不知緣由，靜觀其變……。

我於是告訴大家：「在東京晚餐後，我一個人在飯店附近閒

逛，突然有人走近問我是否找伴（Are you hunting）？請問那是什麼意思呢？」我雙眼瞪著他問。

他好像不知所措，面紅耳赤，答不上來。

我緊接著說：「台灣的北投是在郊區，是個紅燈區（Red light district）而已，那跟日本皇宮對面有什麼不同？那有什麼好笑的？」那群人默然。「紅燈區，美國怕也有吧！」我回頭問美國中區總經理。

他即應：「當然，全世界都一樣，哈哈！Let us drink！」化解了尷尬。也許當下我有點掃興，但羞辱我來的地方，我是不會善罷甘休的。

為了維護民族尊嚴，我始終有著強烈的意識，若占我個人便宜事小，大庭廣眾戲謔我民族事大。此後，在國外每在關鍵時刻，我總會抓住重點，向外人曉以大義甚至反擊，毫不妥協，這是我的秉性。

百年飯店雙倍小費

離開芝加哥來到世界之都五光十色的紐約，從機場至市區，那份緊張紛擾與好奇興奮就從沒斷過，東張西望一如劉姥姥進大觀園，公司稱安排了接機，卻遍尋不著。看行程我是被安排住在華爾道夫大酒店（Waldorf Astoria New York），那是當時全世界最

頂級豪華的百年大酒店，多為政商名流、明星等進出的場所，好不容易經人指點搭上酒店專車直抵酒店。

　　海陸公司對首次訪美的經理非常體貼，提供優渥的住宿及服務。但人情世故各地迥異，紐約人情淡薄。甘迺迪機場擁擠異常，標示並不友善，城內到處摩天大樓令人驚艷，但對豪華酒店門口年長的門房（porter）卻不習慣，華人一向尊老，門房老先生伸手要幫我拿行李，我有罪惡感，推辭再三相持不下，一位東方臉孔的飯店服務員走過來小聲對我說：「給他吧！這是他的工作。」原來這他的工作，是要給小費的，我才恍然大悟，為了提升對客戶服務的水平，聘用年紀較長深懂人情世故的門房是個好噱頭。當年我們較貧窮，物質也匱乏，出國行李箱品質很差，在跟門房拉扯當下拉鍊就開了口，衣物用品也散開了，頗尷尬。老門房很體貼又機靈，不動聲色幫我把行李箱整理好，再用膠帶纏妥讓我先上樓，稍後行李拉鍊也換好送到房間。了解情況後，我給了對方兩倍的小費以表歉意與謝意。雖然小事卻不經一事不長一智啊！

　　次日，我到位於紐約近郊的伊麗莎白港，美商海陸公司（Sea-Land Inc.）全球總部參訪，那是當時全世界最大的集裝箱碼頭，真是嘆為觀止，大開眼界，以身為其中的一員深感榮幸與驕傲。

　　而後再轉紐奧良、休斯頓，回到洛杉磯返台，結束月餘精

彩的美國訓練之行，整個人由內而外煥然一新，尤其對於新興的海上貨物集裝箱運送產業革命性的集裝箱產業（containerized industry），劃時代的概念、理論、營運及其延伸的服務，對全球經濟發展的貢獻產生了無與倫比的深遠影響，這月餘專業的學習及廣泛的生活洗禮，也都影響了我今後面對人、事、物不同的思維，並非繁華的外表而是掙扎的內涵。

此行僅我一人代表台灣，受此殊榮、得此機會到日、美、加實地參訪與參加會議，既讓我能具體深入了解此一新興產業的全球發展趨勢，更讓我的人生視野產生了關鍵性的轉變，初次出國確實獲益匪淺。

1997 年離開美商海陸公司後，我雖申請美國移民，在尚未取得綠卡，也沒有工作證的當下，承台中好友毛先生盛邀至加州首府沙加緬度（Sacramento）附近觀光，該市瀕臨沙加緬度河，離大浩湖（Lake Tahoe）及雷諾（Renoe）兩個觀光休閒勝地不遠，順訪其兄、前美國加州工務局長毛博士，因獲邀乾脆暫時協助他管理公司，反正過渡期沒事打個黑工，實質提早體驗在美國的生活與工作，就同意了。

毛博士的生意有廢金屬場（scrap metals yard）、貿易公司（trading house）及中餐廳（Chinese restaurant），他提供我三份經理的管理工作，給我一份薪水外加免費三餐及住宿，我很感激有此機會。

貿易公司只有他侄子一人，毫無管理可言，倉庫裡堆滿了各式鞋類卻賣不出去，這是個錯誤的投資，老闆嘗到了苦頭，只想請我盡早處理掉。於是我花了兩週時間先將所有鞋類存貨歸類整理含照片及售價，聯絡寄給幾家我在台中海陸公司時認識的美國進口商，以總額報價（lump sum）完成一次性的交易，老友們明白我的處境二話不說，在不到兩個星期內，就將庫存全部清光，牛刀小試，毛博士開心得嘴都合不攏。

獨自過聖誕 杯弓蛇影

那年聖誕節，廢金屬場（scrap metals yard）的員工都回家過節，只有我無家可歸，只好睡在兩個集裝箱組成的貨櫃屋當守望人（watchman），三天假期只有兩條大狗相伴，雖然驚心膽跳，卻也是滿有意思的。偌大的工場只有我一人，整天看電視等三餐。

毛博士提供我的住宿是一戶他家對面的空屋，屋主華人夫婦遷他州與女婿家共住，此屋待售，空著正好予我睡覺兼顧屋。該屋水電均停，既無床也無桌，家徒四壁。搬入打地鋪，半夜整屋嘰喳作響，屋內有光無電，陰森恐怖讓人毛骨悚然，次晨告知毛博士，他給了我一把木劍防身，要我放在地鋪避邪。過兩日才明白那是加州氣候乾燥，木造房子早熱晚冷，熱脹冷縮，木頭摩擦之聲。還好沒多鬧笑話。

加州房屋院子都蠻大的，種了許多花草樹木，鬱鬱蔥蔥，某日半夜起身如廁，又聽到院子沙沙作響，久久不停，聽聞加州野生動物多，以為是眼鏡蛇之類在院子裡穿梭，緊閉門窗，整夜難眠嚇得半死，清晨壯膽查看，方知是自動灑水器半夜定時澆花。暗笑揶揄自己嚇自己。

　　初到美國諸事新鮮，這種生活上新鮮的實習課卻是趣味橫生。又一次，毛博士出差洛杉磯，行前匆匆，支票本遺忘在桌上，我發現後，和他的侄子快馬加鞭，開著車子飛一般地趕到機場，找到班機的櫃台，請航空公司服務人員透過廣播找人，沒想到那位魁梧的黑人，斜著眼看我沒搭理我，旅客已經陸續快登機完了……。我按耐住性子站在那裡瞪著他，並提高嗓門再說一次：「先生，我的朋友在機上，我有急事，能否幫忙廣播找人？」

　　黑人連頭都沒回就說：「我們沒有這種個服務。」仍繼續跟空姐打屁，根本不理站在櫃台前著急的我，這不是歧視是什麼？我用了五秒鐘深呼吸並培養情緒，然後我猛然舉起手掌，在他面前砰然拍桌大喊：「我有急事請你幫忙，你聽不懂嗎？我是你的客人啊！」並怒吼：「請你們經理出來！」櫃台邊許多登機旅客都瞪著發呆的黑人看，霎時一位白人經理從後台走到我面前，客氣地問我：「先生，我能為你服務嗎？」我再重複一遍，他說：「請你跟我來。」他帶我直接走進機艙去尋找，從機頭至機尾遍尋不著毛博士。那位經理說：「你要找的人恐怕不是搭這班機。」

遂帶我出機艙，我再三致謝。回頭望向班機號碼，果真搞錯。這椿烏龍事讓我和他侄子邊跑邊笑，但也顯現黑白服務品質的高下。當時的我尚稱年少氣盛，而同行毛博士的侄子卻佩服得五體投地，緣因在美華人多半羞澀膽怯，多一事不如少一事，此後他視我為英雄逢人就說，算是為黃種人出了口鳥氣。

●第七篇 善用巧思 使命必達

不久，洛杉磯一家美國公司 Merex International Ltd. USA 經他們台北合夥的美絲貿易公司強力推薦，聘我為業務副總（VP Business Development）。這家公司老闆是猶太人，是美國政府食品及日用品之海外駐地（PX）的合約供應商。該公司的主要業務是從美國出口各種水果、肉類及日用品等至東南亞國家的美軍福利社 PX（Post Exchange），也供應少許給台灣當地的經銷市場。當時我已取得綠卡（PR），他們請我即刻到職以促成雙向貿易擴展商務。

在沙加緬度階段性任務完成，隨即告別毛家，轉往洛杉磯前往 Merex International 報到。業務副總待遇不低且有專屬辦公室，公司在爾灣（Irvine）約翰韋恩機場對面。正式上崗當天，就看到我辦公桌上已堆滿台灣分公司來的催促電文，新舊客戶們都急著要進口動物的內臟、雞鴨的頸脖、翅爪等物，這些美國人不吃，當成肥料或飼料使用，而中國人則當成滷味珍品。另有台糖、農委會也要盡速找到美國種豬、種牛及種鴿等等……，都急如星火。初來乍到，氣都還沒喘，在毫無頭緒的狀態下，就催著要我處理，但老實說我一點都不以為忤，反而喜歡這種挑戰。這就是世界通行的價值觀。

諱，以為我想開店與他競爭，始終在打轉不肯透露，經我再三說明並奉上名片，我只是出口活的種鴿去台灣繁殖，他才恍然大悟。經他介紹找到了兩家飼鴿場，終於達成買賣的任務。至此可說首戰皆捷，除了解決延宕已久未決的案子，最重要的是打開了供應鏈的大門。我對自己也有了更大的信心。總公司更是如獲至寶。對我這個頭不大還帶點娃娃臉，來自台灣的副總表現似乎不可置信，卻又不得不刮目相看。重點在這些產業及環境對我還是陌生的，在極短時間內，不靠第三方（third party）的協助仲介，就能夠迅速直接找到源頭、完成任務，同時為公司帶來可觀的生意，我這個新手算是闖過了第一關。另外一樁事更絕，台灣提供了我一個洗髮精蓋子上有專利號碼，要我找到專利持有人及製造商，有人想談合作。那不啻是大海撈針，竟也在短時間內完成了。公司上下肯定讚許並暱稱我是不可思議先生（Mr. Incredible）。

　　1980年5月18日，西雅圖聖海倫（Mount St. Helens）火山爆發，因公司期訂了瓦拉瓦拉流域（Walla Walla River）沿岸的蘋果外銷至台灣及香港等地。由於火山爆發後的火山灰厚厚的一層飄落在蘋果樹上，怕嚴重影響蘋果表面造成坑疤，恐怕無法銷售，公司特別派我前往視察，我租用雙人小飛機沿著河道觀察狀況，雖然火山爆發已半年，但空氣中仍瀰漫著濃烈的硫磺味，蘋果表皮果然幾乎全被破壞得嚴重。雖係非人力可抗衡（force majeure）的天災人禍，所以求償無門。但同時為維持信譽卻必須負責緊急向他

處採購以應急。首次搭輕型雙人小飛機高度飛得很低，相當刺激驚險，我也暈機得厲害，雖俯瞰河流與果園另有一番景色，卻根本無心瀏覽，幸好任務達成。

來公司一段時間，接觸了許多，也表現得不俗，終於老闆沉不住氣了問我，何時開始籌劃台製（MIT）商品進口到美國銷售，以期達到雙向貿易的長久願望？因為我在美商海陸公司擔任台灣中區經理八年，中區正是許多輕重製造業的大本營，尤其是佔60%以上的各種鞋類製造的匯集地，當然我與這些製造家們常年都有接觸，彼此熟稔也具交情。所以我告訴老闆台製鞋類在美銷售素有盛名，製造商品質水平且價格實在，比較有把握，但究竟要如何在美國市場銷售我是沒有把握的，而公司也沒有這方面的人才，雖然入行門檻較其他相對是低的，要老闆做裁決。

老闆用近乎渴求的眼神望著我說：「你能不能放下目前的工作，指派別人接手？勻出時間幫公司好好思考、仔細規劃該如何進行，我們再找時間商討好嗎？」

既然老闆那般熱切又對我滿懷信心，推辭似乎也不符情理，我只好說：「我試試看！」

我清楚要先確定商品，把握製造就是先決條件，於是即刻先選定以女鞋為我們的主攻商品。過去許多資訊與人際都還不算陌生，況且這項投資門檻較低，風險也較小。

初步聯繫幾家優質且熟悉又可靠的工廠老闆，尋求他們的意

見與建議，反應都非常正面也熱烈，儘管隔行如隔山，他們卻都毫不懷疑我的能力，給予我初入行的指教與支持。

於是，我請各個廠商提供下一季非特定品牌全套的樣品，我們支付空運及樣品費，約莫兩週的時間陸續送到的樣品，就堆滿了半個樣品間，然後挑了兩位女性較靈光的員工，花了五天時間，仔細教他們整理編號上架做檔案，看起來頗有架式了。我就邀老闆前來參觀商討。老闆看了大吃一驚，並仔細地觀察詢問，然後說：「太棒了，那下一步呢？」

我說：「首先老闆要確定 Merex 要做女鞋的進口商，您是否要再考慮兩天？」

「我現在就確定了。」他環顧四周說道。

「那好，那請你先給我 2000 元美金，三週內我呈上整個的計畫案如何？」

他興趣盎然，隨即從口袋裡掏出 20 張百元大鈔交給我。

我就用這 2000 元找了三家有名的鞋類專業雜誌與報紙（Footwear professional news & magazine）刊登徵人啟事：【某女鞋進口商高薪徵聘至少十年以上資深經理人】。80 年代，進口人造合成皮，尤其是女鞋及童鞋，在市場上非常風行時髦，台灣製的尤其有競爭力。不幾日，我就收到不下 50 餘封應徵函。我逐一細讀，並按年齡年資分類，最後選了十位候選人（candidates）通知前來面試。

由於剛來美國不久，對於開拓美國進口並銷售台灣（MIT）鞋類市場的結構及習性非常陌生。所以我請教專家設計了面試癥結問題的類別，作為面試的標準。接著展開面試作業，通知十位候選人，分別不同時段單獨前來，避免他們彼此交換意見。

　　每人約一個半到二個小時的時間，為取其實境，我就在樣品間面試。先讓應徵者隨意或仔細瀏覽樣品約 20 至 30 分鐘，然後面試。面試時按我既定的標準模式進行，最後詢其有無意願。若有則當場提出問題，我能回則回，不能則下次或電覆，並請其回去做一份市場銷售計畫（marketing & sales plan）及希望的待遇條件等，下次複試帶來。

　　週後複試，很順利收到八份計畫書，再經我深思熟慮，我再確認了五位到公司個別深談。再綜合整理所有資訊後，提出了一套完整厚厚的一冊市場銷售建議書，攜往當面呈予老闆，他睜大眼睛翻了幾頁，張著口說不出話來。我說：「面試未了，最後我認為最合適的五位，請老闆親自面試，決定一到兩位經理及副理人選，我們就可以開始台鞋在美國的銷售計畫了。」老闆大喜過望，緊握我手頻說謝謝。

　　從這件事，我體會出豐厚的常識是可以善用來整合不同專業的知識，也證明了發揮巧思，再加善用既有的資源，是可以四兩撥千斤的。

國旗遭歧視 不屈不讓

擔任 Merex 業務副總時，第一天報到，在我專屬的辦公室就把遊子心中最喜愛的國旗掛在座位後上方的牆上。那位陸戰隊上校退伍的財務兼總務副總前來查看關心，霎時，指著牆上的對聯問：「那是什麼鬼玩意？（What the hell is that？）」我說：「是我的國旗。（My national flag.）」他皺了下眉頭，摞了一句話：「這裡是美國耶！」我沒理他，從此以後，只要他經過我的辦公室，總會彎進來嘮叨幾句，甚至挑釁說：「在美國公司上班掛什麼國旗？」

我回他：「美國是自由民主國家，在台灣的美國公司也許多自由掛著美國的國旗啊！何況我只掛在我的辦公室內。」

有次老闆沒通知也突然走進我辦公室，不說一句話，往牆上望了望，搖搖頭就走了。不言而喻，陸戰隊上校告狀去了。

一如在其他外商公司的慣例，我負責的業務部門，每週都要將業務支出彙總，向財務副總報核申請支付。某日趁中午休息時間，我將上週的業務支出報表與附件等，親自送到他辦公室面交給他，他老兄雙腳架在辦公桌上，用手接過文件，我剛轉身準備退出，未到門口，他很輕蔑的對我說：「嘿！你的文件有問題。」我回頭看著他，他說：「你自己看。」並將手上的文件從辦公桌面扔給我……，因他用力稍猛，文件不慎順著桌面滑落地上，此

時我火冒三丈，加上新仇舊恨，我慢條斯理把落地的文件撿起來收進我上衣口袋，然後迅雷不及掩耳出手把他桌上所有的東西全掃到地上。他嚇了一大跳，霍然起身衝向我，兩人幾乎就要打起來，我也絲毫不讓，驚動同事大夥擁過來將我們拉開。回到家，我不得不去深思，來到美國第一份正式的工作，自覺不愧不怍，竭盡心力有目共睹，雖然老闆十分滿意，同仁十分開心，但是種族的隔閡與歧視，讓我感覺即使在任何職位上，那份長久淤積的白人優越感不會消失，我妥協或者堅持，都覺不值。於是當下就寫了封辭職信給猶太老闆，第二天一早當面交給了他。他看了驚恐莫名，望著我好像等我說話，我也定定地看著他不說一語。約莫過了 10 秒鐘，終於他瞭然我心意已決，搖搖頭、嘆口氣說：「那我另外再出資 100 萬美金，成立一家新公司，由你全權負責好嗎？」他極力想挽留我。那個 80 年代 100 萬美金是個天文數字，我告訴老闆，謝謝他的好意，雖然猶太人跟中國人一樣聰明，但我不會出賣我的民族自尊，依然拒絕了他。也離開了服務年餘的 Merex International。自古中國人就從來不曾歧視過外族人，如今我也沒有理由接受被歧視。

歧視我的文化就是歧視我，離開 Merex 時我有綠卡（Green card），臨時合法到正新輪胎美國分公司任職。該分公司經理原是舊識，知我對業務推展有興趣，就邀我試試在美國短期推展橡膠輪胎業務，多接觸不同產業，學習更多美國市場銷售的內涵原

是我的本意。

正新輪胎自有品牌 MAXXIS 如今在美國市場頗為暢銷，美國負責人蔡氏賢伉儷頗有生意頭腦，夫唱婦隨相得益彰。

冷靜鎮定 急中生智

記得一樁趣事，我親駕小車往訪一位客戶，位於美墨邊界小城蒂華納（Tijuana），來回車程約 450 多公里，出門稍晚抵達已是黃昏，當地偏僻，回程已然晚上 8 點多，尚需經過一個邊境檢查站，主要是檢查毒品走私及非法移民，過了檢查站，人車路燈都少了，有點兒陰森，車行不久，突然前車蓋大量冒煙，完了！水箱破了……。美國晚上外面幾乎是沒有人的，店鋪很早打烊，我遍尋不著加油站或修車廠，又怕老黑或老墨打劫，只有硬著頭皮在前不著村後不搭店的窘迫情況下，沿著街邊慢慢行駛，漆黑一片，突然間，看似有一間小店門縫透出一點燈光，如獲至寶，趕緊趨前，敲門片刻，有位老墨開門問我啥事，門開處內望似乎是間簡陋修車廠，我指著還在冒煙的車子請他幫忙，他很熱心打開燈查看了一下，說水箱管子破了個洞，因為沒有技工，也沒有材料，所以要等到天明一早才能修。我先借了電話向家人報平安，強作鎮定地詢問那老墨，我可以四處看看有什麼廢物可以利用的嗎？他很客氣應允了，在一堆雜物廢物堆中，我找了幾塊廢毛巾

布、繩子、鐵絲和塑膠袋，然後向他借了老虎鉗，就自己土法煉鋼，用破布將水管破口緊緊包紮住，然後再死命地包上幾層塑膠布，最後用鐵絲牢牢捆綁……，他在一旁看呆了。然後我再拜託他幫我把水箱加滿水，發動引擎啟動了，我說行了，詢多少錢，他說都是廢料不要錢，還問我是技師嗎？我笑笑沒搭話，遞給他美金 20 元謝謝他，然後上車加滿油門揚長而去。老天眷念，這個世界其實再危險的地方都會有善心人，真是人「莫因善小而不為」，否則我若求救無門在路邊小車內睡一晚，沒有電話聯繫，家人非報警不可，而一個台灣初來乍到的人半夜流落邊界的窮鄉僻壤，那種恐怖是難以想像的。一路就以 100 公里時速安抵家門。如今回想頭皮都發麻，當時沒有手機、GPS 定位，一切陌生，隨意敲門有被射殺、被搶劫的可能……。萬一，天哪！深覺人若在危急中一定要保持高度的冷靜與警覺，而急中生智才是避險的要件啊！

在正新橡膠，只多學了個單一產品的經營工作的經驗值而已，仍無法滿足我對世界觀產業的嚮往，同時深感美國絕對不是我創業的地方，此地既無我的資源也無我的人脈。於是我又應徵受聘了一家美商加州鞋業公司（Young California Shoes）派駐在台灣的亞洲區總經理，該公司由亞洲進口大量的海灘拖鞋（beach sandals），但設計與品質完全由總公司直接派聘來台灣及菲律賓，由於文化上的差異，他們與當地工廠員工極難相處，再加美國人

●第八篇 受聘馬士基
　　　說服老外尊重中華傳統

　　丹麥商馬士基航運公司（Maersk Lines）創立於 1904 年，是全球跨國航運集團巨頭（AP Moller Maersk）旗下的輪船公司。台灣區總經理 Mr. Nyberg 丹麥人，1981 年他聽說我從美國回來了，請人傳話，希望我到馬士基服務，約我面談，記得地點是在火車站前希爾頓飯店二樓，見面時他客氣地說：「久仰大名！」我也禮貌回應。他開門見山說：「馬士基需要一位美國線經理（US trade manager）。」待遇給我等同其他丹麥在台經理人，其實此次返台也有意回到具有國際觀的航運界試試，故一拍即合。

　　上任時，我底下有兩副理 Oliver 及 CP，他們對我這位空降主管很不以為然，有事還是習慣跳過我，找坐在我後面的 Hans（丹麥人）副總，讓我覺得形同虛設，也傷害民族自尊，於是我與兩位副理直接溝通並強調「中國人要知道尊重彼此，不要讓外國人看輕」。言者諄諄，聽者藐藐，這本是常態。

　　沒多久，CP 有次從位子上站起又想繞過我，我隨即也站在他面前問他：「你想幹什麼？」他說：「想上洗手間。」我手向前一指說：「回頭走。」其實最直接的方法就是當面糾正，絕不含糊讓對方知道我的當真。

　　又有一次 Hans 副總扯開大嗓門，在他辦公室內向外吼我名字

「Raymond！」這讓我很不自在，我沒理他，於是他走出辦公室仍持續對著我吼，我站起身頭都不回，朝反方向走出去……，順便洗個手再慢慢回座，同事都看到了，一會兒，Hans 走到我桌前問我何故喚我不理？我說：「你吼那麼大聲，我沒聽到你叫我，好像是在叫狗？」

他說：「那請你到我辦公室來一趟好嗎？」

我說：「Sure！當然好啊！」

那晚我在他辦公室向他說教，直到晚上 11 點，談的全是中國文化、禮儀之邦「你敬我三分，我回你一尺」的道理，Hans 聽得津津有味，自稱獲益匪淺，從此 30 餘歲年輕氣盛的 Hans 態度全改了。1984 年我創業後，他特別來公司看我，那時他不但已升任台灣區總經理，還娶了一位台灣女孩，我很為他高興。

中央集權與地方分權

丹麥馬士基 Maersk Line 航運公司的領導風格，是屬於「中央集權」，和我之前所服務的美商海陸 Sea-Land 公司所採的「地方分權」，作風大相逕庭。馬士基總公司的全名是 AP Moller-Mearsk Group，以海空運輸、保險，以及能源為主要營運項目，在丹麥是最大最老（1904 年）的集團公司之一，全球五百大排名 130。大老闆當年出國考察或開會，身邊總有四、五名男秘書隨行，各

有專長，日夜陪同，攜帶手提電腦，處理在全球 130 個國家公司的重要業務，指揮權全都握在他手上，令人嘆為觀止。屬家族企業效果極佳。但總公司的當家除了對各項業務的透徹了解及掌控外，更要有強烈的企圖心及無與倫比的國際願景。這個特點值得學習但風險相對也高。

面試時，我毫無隱瞞地當面告訴 Nyberg 總經理，我已取得美國綠卡（PR），只要收到移民局通知就必須返美，最多只可延長兩次，否則必須申請白色護照（white passport），總經理 Nyberg 只淡淡地回我：「屆時再說。」於是又開始了安逸無憂高收入的日子，但至少學到「中央集權」下驚人的效率。與美商海陸公司的「地方分權」對比就截然不同了，美商海陸的經營在各地更接地氣，誤差較低，績效極高。最終雖然丹麥馬士基併購了美商海陸公司只能算是各有算盤、各取所需。當時海運市場競爭劇烈，而中國市場的開放給了美商海陸公司以現實的考量，與其繼續耗資在無底的競爭漩渦中，不如變現投資於入中國各主要港口的基礎建設。果然證實其回收率豈止百倍，美商海陸公司這種務實的考量確實令人讚嘆。

而丹麥馬士基自有其傳統的堅持，終於成就了當今全球最大市佔率（marketing share）的集裝箱航運公司，睥睨群雄，迄今無與爭輝。

1982 年服務丹商馬士基輪船公司時，恰巧同在世界貿易大樓

二樓的安興航業股份有限公司（An Hsing Navigation Corp.），有位負責船機工程的郭副總，是家兄大同中學的同學，聽聞我在海運界的好評，經常透過家兄對我喊話，要我救救安興航業公司於危難之中。因為居留問題，我已多次回絕，尤其散裝船（breakbulk ship）與集裝箱船（container ship）兩者在營運概念與實務操作截然不同。更何況在馬士基服務未及一年，各種條件又非常優渥且穩定，我若再辭職，仍要面對年內返美移民報到的問題，如此恐怕不但救不了安興，反而又得罪了馬士基，更怕傷了自己在海運界的清譽。

當時安興航業公司的營運已經搖搖欲墜，只有四艘逾齡的雜貨船，船上與陸上員工薪資已有三、四個月沒發了，家兄礙於同學的情面，仍多次希望我去幫忙安興。他更對我曉以大義地說：「既然在台時間不長，剩下的日子為馬士基服務固然好，但終究是洋人的公司，有難的安興卻是中國人的公司，反正大家都明白安興幾乎將是死馬，你就當活馬來醫吧，如果實在無法挽救，誰也不能怪你，只要你盡心盡力，萬一你讓公司起死回生，豈不也是善盡了你一向與人為善的原則？屆時你仍然可以按照計畫返美報到？」我頓時啞口無言，家兄知我民族意識很強，但我仍不置可否。

過兩天，安興公司孔老闆由郭副總陪同上七樓看我，並親邀我到二樓他的公司坐坐，雖然是上班時間，但礙於禮尚往來，不

好堅拒，而且樓上樓下很近，也只好禮貌性地跟著他們到二樓回訪。

不料進了安興大門才通過大辦公室，孔老闆就指著一間嶄新、單獨空著的房間跟我說：「這就是為你準備的辦公室，門口劉小姐是你的秘書。」我裝糊塗沒回應。原來家兄兩天前的「曉以大義」是其來有自的。我隨郭副總一同進了孔老闆的辦公室，讓座寒暄，並同時電邀來了副董事長（其兄）大孔及其他兩位副總齊來相識。我心想，這不擺明了是「鴻門會」嗎？為了表示誠意，連辦公室與秘書都張羅好了。還問我何時可以就任？其實我還猶豫不決，總覺得這事不好拿捏呢！

但是看到孔老闆及他們那種為公司生存而掙扎，那種不遺餘力的努力，讓我感動了，開始認真思考：難道我真的不能嘗試為國人的公司伸出援手嗎？開始站在安興的立場，為自己的「屈就」尋找台階，諸如強烈的民族意識、見死不救的愧疚，且安興航運公司麻雀雖小五臟俱全的整體營運，而非如過去在海陸（Sea-Land）或馬士基（Mearsk Line）時我僅負責業務不及其他可比擬，加入安興也正好完整了我在航運業的資歷，想想理由正當，也讓我感覺理直氣壯，心中也有了救急救難的大原則，於是下定決心盡早向馬士基遞出辭呈。

向工作不到一年、高薪舒適的馬士基航運公司遞出辭呈，因有言在先而沒有過多的糾結，反倒是不少業界同儕訕笑我何苦屈就？

●第九篇 挽救安興 起死回生

　　當年我從馬士基被邀請到安興航運股份有限公司，時年 37、38 歲，擔任航運公司的執行副總經理，對安興其他資深的主管及年長的股東們而言，難免心生不滿與懷疑，無論未來我的作為如何，都會受到質疑和排擠，我心裡要有認知與準備。首先發難的必然是從技術層面，田總船長應是關鍵，因為船舶的航行操作、靠港離港、載貨卸貨等等⋯⋯，都屬他總管。

　　剛上任我盡量避開他，只從我最熟悉的業務部門開始規劃整頓，不出兩週就重整組織、人事和規則，也剷除了資深的業務惡瘤，讓大家有了初步的信心，孔老闆甚是滿意。

　　為了讓自己清楚認識散裝船的結構與裝載及其相關的概念，於是我請田船長每艘船抵達基隆港時，陪我親自上船，由甲板一路到二、三樓層高的艙底。雖然在辦公室我總是西裝革履，但上了船我依然維持形象，故我的「爬上爬下」，仔細觀察既不嫌髒也不嫌累，甚至連放置船員食物的冷凍庫都不放過。那個年代船員薪水發不出來，「走私」是必然的，我刻意嚴謹，就是要讓船員們知道，我再不允許船上「藏汙納垢」。由於我的要求，加上天生的關公臉譜，公司上下的氛圍也跟著「緊張」起來，主管們都上緊發條，也有傳言說我從海陸、馬士基過來是玩真的，讓公司首先有了希望的感覺與壓力。

獲利大增 業界矚目

為了進一步瞭解公司既有的四艘逾齡船在海上航程的安排，我特別將世界海圖掛在我辦公室牆上，並以圖釘將船隻一一訂在海圖上，每天認真看著海圖來思考如何在固定的航線上增加船艙裝載的功能？過去固定航線是由韓國起航裝貨不足再加裝日本、台灣、香港、新加坡等至滿載，才直航中東紅海諸港卸貨，而韓國的出口貨多半是建材、鋼筋、水泥、橡膠、輪胎等重貨，直達目的地占用過多的艙位及噸位應予調整，回程又多半放空，再加上其他嚴重的作業及行政疏失，因此往往多載反而得不償失，造成隱形的虧損，難怪船員的績效很低，何況數月領不到薪水，迄無人能提出改革的窘境，無怪乎船員會鋌而走險利用船艙走私。

劍及履及，我即刻請總船長規劃船舶出口貨（outbound cargo）至中東紅海，由北向南，從韓國開始裝貨都必須設法裝載區間貨並分配艙位，每個港口的裝載計畫（loading plan）必須事前經過總船長的同意放行，務使整個航程都滿載，沿線各港口代理要有複式艙位使用（multiple usage）增加運量及船員工作量，不允許船舶停港時單裝／單卸作業，才能增加收入，以解決營收與工資的問題。總之，關鍵也在業務及配艙的合理化，很快就產生了極大的成效並增加了收入，船員除了正常薪資收入，也有了

工作績效獎金，藉此杜絕走私，這就是所謂正向循環。

　　而回頭貨（Return cargo）相對是必要用以至少補貼回程的各項費用及支出為主。要設法抓住在紅海（Red Sea）各主要港口，如阿卡巴（Aqaba）、吉達（Jeddah）、荷台達（Hodeidah）等港口在卸完貨後，無論如何都必須裝載貨物回航。如台灣農業用的有機磷肥（俗稱海鳥糞）等。我請教孔老闆為何過去沒有，他竟然告訴我因為船長說磷肥天然開採，沒有加工也沒有包裝，所以很髒很臭，洗艙很麻煩，運費也相對低廉。經我詳細了解並計算，雖然洗艙麻煩，是可以設法研究找出解決臭髒的方法，不然船員在海上航行無所事事，也是浪費，運價雖低，但至少可以補貼部分費用，省下的就是賺到的。明白這些貨源都掌握在日本商社的手中，如今都被同行搶運中。於是我說動了孔老闆，讓我去向日商爭取，孔老闆還要求運價每噸有最低價格。於是我鍥而不捨，多次親自登門拜訪那位負責人，終於在兼顧各方利益的條件下，得到孔老闆的最後首肯簽下了整年的合約。可謂備極辛苦、得來不易，此舉果然讓公司利潤大增，也引起航運界的矚目。不料此事竟然最後變成我私相授受的污衊與委屈，而孔老闆不知是健忘或刻意不予解釋，令我始終耿耿於懷的憾事……。

　　又因我有豐富的集裝箱的經驗，於是我又開始思考如何在散裝船的甲板上（on deck）嘗試裝集裝箱（container），這個想法，散裝船東多想都不敢想的事，但我認為大有可能也有把握，私下

仍做了許多的考量、研究與策劃，才向孔老闆提出說明，他大為驚訝與興奮，因為這是船東載貨集裝箱化（containerized ship）的第一步，只見孔老闆睜大了兩眼迫不及待地說：「好啊！好啊！趕緊開始啊……」於是我毫不猶豫即刻著手進行。

我是個行動派的實行者，當下找來了相關主管宣布這個重大的發展與改變，大家都士氣高昂。基本上是在甲板上畫好 20 呎貨櫃定點的位置，然後打下集裝箱四個角的大鉚釘（corner fitting）以穩固貨櫃在甲板上航行時的安全，預計裝二至三層高，則設定綑綁的鋼索（the steel lashing）確定海上航行絕對的安全，及港邊作業標準作業程序，然後就是找適當的集裝箱出租商（leasing container）、集裝箱堆場、洗櫃場以及確認國外代理的全力配合……，租賃貨櫃，我找了幾家有信用的外商出租公司（leasing company）前來洽談，第一位前來洽談的業務經理與我商談時，感覺不錯，所以多聊了一些並隨意地問他：「你們台灣的老闆是誰？」

他說：「是朱先生。」又加了一句「英文名字是 Sidney。」

我如觸電般地震驚，再問：「是朱心傳先生嗎？」

他也很驚訝地說：「正是，你認識他？」

我只嗯了一聲，就告訴他：「你回去準備合約，確定價格合理，我會通知你。」

他點頭如搗蒜，連聲稱謝！

朱心傳先生是我 1967 年初入海運界時，美亞有限公司的大老闆 Sidney，也是我 24 歲時入行的第一位貴人。很多年後聽說他投資日本小山 Oyama Line 被倒債拖累，一蹶不振，景況不佳，人也音訊全無。第二天上午我尋名片地址即刻前往拜訪，公司規模很小，僅代理英國貨櫃出租公司，看到我即刻來訪非常訝異也高興，並邀我上樓住處聊往事及當前，不勝唏噓……，朱老闆表達了對我支持的謝意，我倒是很尷尬地回應：「沒有，只是舉手之勞。」

　　然後他娓娓道來，這些年的無奈，夫人與子女都移民美國，女兒也任職洛克菲勒總部云云，很高興聽聞我在海運界也有些名氣等等。我也略報告了我的一些狀況。時近中午我就告辭了，此後我仍偶訪朱老闆，一直維持到我自己創業，他都有給我許多意見。

　　創業三年後，某日意外收到朱先生的訃聞，我當天依時往一殯弔祭，在一間非常小的靈堂前見到門外僅有我送的兩座花架，門口稀落站著兩三人，低頭細語，我不認識，對方也無意與我打招呼，也無儀式，我只有站在門外回想過去的種種，朱老闆當時是第一代的海運界大老，曾紅極一時，比張榮發做老闆早些。記得有年聖誕節曾邀請全體員工去他在陽明山的別墅共聚，當時看去簡直有如皇宮，朱老闆在美亞時對我非常寬容與愛護，點點滴滴讓我不覺一片茫然……。直到服務員提醒我要火化了，我才悚然驚醒，台灣光復後第一代外商海運代理者艾竟是如此不堪地殞

落，嘆人生之唏噓與無常。默然凝視火化撿骨，心中祈願朱老闆一路好走，才踽踽前行、黯然神傷地離開。

安興航運公司船舶半集裝箱化（semi-containerized）在縝密規劃，步步為營的推動下，於焉逐船順利改裝，開始正式的營運。初見有安興航運標誌的集裝箱在高速公路上行駛，確實讓我感動、興奮，不虛此行！

在安興，我多方霹靂手段、下猛藥奏效，取得上下一心的努力，到職不到三、四個月，業績突飛猛進，大有一飛衝天之勢，此後幾乎讓船務郭副總經常陪同孔老闆出國洽增艙位，以應業務擴張的急需，公司每個月幾乎都有新船加入，讓人非常振奮，而海運市場甚至交通部主管單位都嘖嘖稱奇，一年不到，公司由原先的四條船，增加為 12 條船。看到如此的榮景，讓我又興起持續策劃與國外航商如美國的 Seaway Express、Seatrain Lines、新加坡海皇輪船公司（NOL）、菲律賓國家航運公司（PNSL），以及韓國韓進（Hanjin Shipping Lines）等的策略聯盟，想為安興下一步的發展籌謀。

海上颱風 考驗能耐

剛就職三週，巧遇有颱風預報，颱風與船舶貨載與船舶安全是息息相關的。田總船長負總責。 那日，他拿著即將裝船的載貨

計畫單（loading plan），煞有介事地到我辦公室來，表示想向我請教之意。

我笑著回他：「我正在忙，你把計畫單先擺在這兒，待會我忙完再找你好嗎？」他唯唯諾諾地走了。

其實田船長蠻忠厚的，我加了一句：「請你將颱風預報資料及你的預判一併帶過來，一會兒我們再一起研究。」老實講，我還真沒有這個經驗，但是那些有心人唆使田船長先來挑戰我，還自認是妙招，這確實有點無聊加無腦。如果我不能處理得好，恐怕以後日子就沒有那麼順暢了。

田總船長一離開我辦公室，我當即打了兩通電話給更資深的老船長好友請教，由於我的反應很快，見識也廣，再經兩位高人稍加指點，我很快就進入了情況，也有了概念，知道如何因應。

約個把小時，我請秘書把田總船長請來。

我很客氣地問：「田船長在這個行業做了多久？」

他說：「報告副座，前後快 25 年了。」

我覆：「那可是老行家了！」

他沒吭聲。我順便把他放在桌上的裝載計畫表單攤開來仔細查看，並問他颱風預報及他的預判帶來沒有。

他馬上拿出來，我沒看就問他：「台灣平均每年颱風至少有三至五次以上吧，這次颱風有什麼特別嗎？需要你緊張的？」

他有點吞吞吐吐地說：「還，還好，現在是輕度，可能會變

成中度。」

我說：「這就難倒你了嗎？載貨單上我看不到有什麼特殊的貨物啊？」

他有點急的說：「副座，還有韓國與日本的貨也會在船上……」

我說：「那就趕緊通知他們注意啊！」

沒等他接話，我隨即板起臉來說：「船長你不要越描越黑了，如果你連這種颱風的貨載都處理不好，那你真是不夠格做總船長，我不管你是什麼原因來問我，我要提醒你，你完全違反了專職專業與領導統御的原則，你是在浪費我們寶貴的時間。」我直盯著他看，他有點不知所措……。

我接著說：「今天的事，我可以保住你的顏面，不予追究也不公開，但請你以後保證自重，不再玩這種無聊的小把戲，尤其公司正在大刀闊斧改革的時候，我需要的是你的專業與全力配合，你明白嗎？」

他很謹慎小心地回：「副座，抱歉，我明白！」他是有點嚇到了，站起來鞠躬。

我點點頭說：「我相信你明白，你去吧。」

自此以後，我還真得到他全力的配合，讓許多原本棘手的問題多迎刃而解。很幸運，他是一個老實也重諾的人。孔老闆曾經私下告訴我，說田船長向別人透露我們執行副總是很懂散裝船的

呢！

　　由於田總船長的全力配合，我也如虎添翼，開始著手整理海外的代理，此一重要性比起整頓總公司內部，有過之而無不及。而總船長對海外代理知之甚詳，原因是各船舶在完成每一航次返航基隆港後，船長無論上船當值或下船輪休都必須向總船長會報，做為未來改革修正的基礎，而總船長謙恭忠厚，總得人心。

　　各港裝貨完成，代理必須向港務局及海關申報進出口艙單（manifest），並將副本隨船帶至目的港卸貨申報進口，同時另一副本抄送船東總公司留案作檔以為收支的總核實。

　　據總船長報稱，新加坡代理常在貨物裝載數據上有明顯的差異，船長也表達，船舶離港時船舶吃水都快超過警戒線，為何裝載數據老顯示貨載不足？這點很引人起疑，但總公司從來無人敢查問。內行人一看就知道，這代理是有偷吃運費之嫌，而總公司怕有人護航，要拆穿不難，但後續的處理，就怕會擋人財路得罪人。沒有超人的膽識與正義的擔當，恐怕只有「事不關己，得過且過了」。但這既不是我的個性，也有違我的職守，既然我承諾孔老闆要讓安興起死回生，就義無反顧。台語有句諺語叫「養老鼠咬布袋」，比喻為引狼入室或姑息養奸，終致身受其害。不過，我的勇於任事及大力的整頓卻也為我埋下了後患無窮的後果。

　　我請孔老闆允許我親往新加坡，直接向代理曉以大義，強調既往不究，請他們好好配合船東的正向發展，共同分享成長的果

實。孔老闆很贊同，他本就是耳根子軟、息事寧人的老闆，並要我早去早回。

於是我直接發電給新加坡代理總經理，告知我擬不日前往洽談業務及拜訪等等，當日得覆並稱無任歡迎。

抵達樟宜國際機場，代理公司派了業務經理來接機，安排了氣派的五星級酒店，Check-in 後，陪我午餐，隨意聊聊，並詢我餐後是否要 city tour 或 shopping。我跟他說此趟時間很緊，下一趟囉，他說他必須回報。這個段子我懂，表示與原計畫有出入。餐後直奔公司，總經理 50 多歲，精明有禮，稍事寒暄，他很客氣地問我：「不知此次來訪有什麼特別指示之處？」我很喜歡新加坡人談話直接、不拐彎抹角的態度。

我也很客氣地回答：「因為加入公司不久，早該來拜訪請教，只是一直忙於熟悉公司內部情況，做些調整，花了些時間，所以延遲至今來訪，還請見諒。」

他說：「不敢當，應該我先去拜訪你才對，不過我們感覺安興有很大的轉變，很有朝氣，也很有新的思維，恭喜了！」

既然他先提出「轉變」。我就說：「我想私下跟總經理請教一些事情。」

「當然，當然。」他說著，並請其他同事迴避去忙。

他問我：「聽說你原本是 Mearsk Line 的航線經理，怎麼會屈就到安興呢？」

我就一五一十大致將我加入垂危之秋安興航運原委告訴了他，並且也說明了我的使命。

他說：「難怪安興才能起死回生，目前的改變已經讓我們大為吃驚了。」

我繼續說：「目前只是初步的改變，我們仍將持續推出更多的新計畫。」

他聽得津津有味，來電都不接，又問：「此行來訪不知有何指示？」

謝謝他帶我切入正題，我就很嚴肅地說明，這整個的改變與發展，是需要安興本身及周遭整體相關包括代理都要有共識與配合，才能逐步實現的，而每個環節都很重要，尤其新加坡無論在地理位置或實質業務上，都是關鍵，所以首先前來請教。

「謝謝，我們會全力配合。」他爽快地回答。

緊接著我說：「那太好了，對於你的承諾，我代表公司先向你致謝。不過有一件事還希望你能了解一下，我聽說此地的載貨清單（cargo manifest）與在紅海卸貨港向海關申報的數據，跟傳回台北總公司的怎會不同？」

他早知我來的目的，胸有成竹地回：「會有這種事？讓我好好地查查再回報。」

我說：「靜候佳音。」同時我也跟他分享，本月底我將再來，因我約了新加坡國家航運公司（PCL）總經理吳作棟先生會面，

洽談未來合作的可能性，屆時我們再分享暢談。

　　我看他有些異樣只好接口說：「到時我再來打擾。」他堅持邀我共進晚餐，我跟他說事先不知有晚餐行程，婉謝他的好意，因為我約了早年嫁來新加坡的家妹全家聚會。於是告別了代理。基本上我相信也希望此行，能抑止弊端的再現。他應心中了然。

　　事後才知關鍵不在代理，反而是總公司的高層，高層這位老兄欺上瞞下，我從來沒有跟他有過直接交談，現在才知道原來是在迴避我，也知道許多事遲早會東窗事發，當然不用說，相信我新加坡之行的一舉一動，都在他遠端的監控中。這位老兄人稱「秀才」，60 開外，應該是屬於出主意的師爺類，我來之前他老早就是最高顧問。據悉他是福建人，大陸撤退時，母親及家人仍留在家鄉，而他事母至孝，每個月必須匯錢予母親家用，當時兩岸尚是敵對狀態，根本不可能匯錢，而新加坡與中國已有邦交，是最方便替他轉錢之地。行孝道是值得讓人尊敬與鼓勵的，無可厚非，只是應該要讓船東孔老闆明白，並予以恰當的安排，而非捨正途以私相授受，任代理上下其手，讓船東的管理形同虛設，損害公司利益及形象甚鉅。說開了，原本是個人美事一椿，如今反成公司的罪大惡極。我前往新加坡，原非針對他，卻在無意間而得罪了「秀才」，造成他對我有非要盡快除之為快的壓力。此是後話。

　　按美國移民法規定，當年 12 月，我滯外時間過長，必須返美報到，於是按既有的計畫按先前與孔老闆的約定，向他提出了口

頭請辭。為了未雨綢繆，事前獲他同意找備胎，他雖然不十分同意我推薦的一位與我同期進美商海陸（Sea-Land）服務，最近又剛巧因與老外主管鬧矛盾而離職海陸的老同事 Ted 王來公司。何況 Ted 還堅持要求薪水必須要高於我，為了面子，孔老闆很勉為其難地才答應了。我竟不知其實 Ted 一進公司就是為了覬覦我的位置而來，他更羨慕我順利推動的各項計畫，未來將大有可為。就趁我返美期間結合其他有心小股東及「秀才」等人大肆誣衊、造謠及栽贓，極盡扯後腿之能事，就怕我再返台礙事，這真是始料未及啊！

移民請辭 公司挽留

請辭時，孔老闆相當不捨地說：「公司剛有起色，眼見蓬勃發展在即，幾乎每個月都有新增船舶噸位，這時你怎麼能走啊？」

我說：「對不起，但這是我們事先就約定好的。」

孔老闆既感惋惜但也無奈，為了表達他真誠感謝之意，於是公告周知，12 月公司提前辦理歡送我及年終尾牙。尾牙慣例都是在一月舊曆年前，並特別邀請家父參加，看來是希望要最後動之以親情了。

那年盛大的歡送及尾牙活動，隆重又歡欣，據稱是史前無例、前所未有，節目精彩，抽獎空前，同仁們都興高采烈。席間，孔

老闆除了無以復加地大加讚揚並感謝我對公司的貢獻之外，更希望我能夠返美報到手續辦完之後，盡快回來繼續領導公司向前發展，並舉杯預祝我一切順利，早日歸來。

然後他又向家父解釋，自我來安興公司不到一年的時間，讓這家原本風雨飄搖的公司獲得「重生」，還生意興隆，前途未可限量，已然引起業界的高度重視等等。話鋒一轉，他向坐在身旁的父親表示：「令郎此時因移民身分必須返美是不得已，但希望老伯能勸他盡早返回，繼續領導安興，以後隨時都可以再返美嘛……」

父親不慌不忙回應：「一切還要尊重他自己的決定。」

酒過三巡，孔老闆突然從西裝上衣口袋掏出一個沉甸甸的信封，遞給我並說：「這是我代表公司為了表達對你的敬謝之意，同時冀盼你盡早回來，除了年終獎金之外，還有你一年的預支薪水美金支票。」

我說：「除了獎金，我不能接受預支薪水。」兩人在宴會桌上僵持不下，場面頗尷尬。此時同桌的郭副總（家兄同學）站起來打圓場，建議我們到場外聊聊。

孔老闆因喝酒，兩眼通紅，也有點著急，手上拽著那個信封說：「你不可以就此丟下我們啊！你必須收下這個信封，這代表我的感謝與希望。」

我說：「我們有言在先，若拿了這筆錢，我心裡有負擔，無

功不受祿」。

　　又是一陣推拖拉扯，再度陷入僵持……，郭副總笑笑地說：「老弟，你不妨先收下，萬一你以後若真的不能回來，就把薪資支票寄回來，不就好了？」

　　尾牙結束，公司也提前發放各部門年終獎金，員工更是歡欣鼓舞，原本數月薪水都拿不到，如今還有獎金拿，真是天壤之別啊！當我請業務經理小何到我辦公室將支票交到他手上時，他雙手接過支票激動得結結巴巴說：「副副座，這這……，簡直好像做夢一般，年初還領不到薪水，現在還有獎金，都是您帶給我們的……」隨之他低著頭眼眶泛淚。

　　我安慰他說：「這都是大家努力得來的。」

　　我如何在數月時間之內，讓公司從谷底翻升，由生死邊緣回到意氣風發的？我想主要是我得到老闆完全的信賴、支持與授權，可以讓我按照我的策略與計畫放手一搏，而郭副總與田總船長等全力的配合，上下一心、團結一致，有以致之，也意想不到各項推動也都順利，更增強了我極大的信心。再加過去在美亞、海陸、馬士基及其他綜合奠定的經驗基礎，也同時讓我對未來預期的創業更添把握。

　　返美後我審慎回顧，安興公司給我的經驗是完整而更具挑戰的，只要方向概念正確，戰略戰術交互運用，團隊上下一心就是關鍵就是成功的保證。

期間，財務長李副總兩度來洛杉磯訪我，並探詢我的歸程。孔老闆也來電關心，其實我自己也放心不下，諸事都箭在弦上不得不發，否則恐怕前功盡棄而功虧一簣啊 。心中再多的無奈也是不忍，天人交戰終究不捨，與家人說明，我又重拾行囊，返回了安興。

赴韓談判 追回債務

不用說孔老闆及同事都喜不自勝，摩拳擦掌等待號角再起。返回後，首要是處理海外代理公司對我們的債務，尤其是韓國代理積欠巨額多年的應收債款，屢催不應。孔老闆苦惱不已，公司除了他自己，無人能與韓國代理老闆對話，孔老闆臉皮薄，說不出重話，拿不出辦法。希望我能盡早協助解決。

我花了兩天的時間，深入了解偌大筆應收帳款的總數及內容，係多年來累積的代收運費，同時也明白為了業務及操作的方便，多年前韓方代理特別聘僱了一位華僑鄒先生作為窗口。經向鄒先生瞭解，這位韓國老闆在二戰時派駐上海，做地下情報員，說得一口流利的上海話，英語也行。我開始思考如何佈局，也透過鄒先生明白韓國代理的大致財務情況及往來銀行等。於是，我請孔老闆特別專程陪我走一趟，特別向韓國代理正式介紹我的身分與責任，然後告辭因事急返台，希望由我一人把鉅額的美金積

欠債務都要回來。

　　抵達漢城（現今首爾），見到代理公司的老闆，年近70，操著流利的上海話，見到孔老闆像是多年不見的親人，說起上海話熱絡起來更像兄弟，這我可怎麼討債啊！我的上海話不靈光，但還聽得懂些，兩人對話倒有點像長輩對晚輩的口吻。我心想，所幸來之前已安排好孔老闆的回程機票。果然這位老先生拉著孔老闆東拉西扯，越說越久，也越大聲，毫不忌諱旁邊還有人，我坐在旁邊，很耐心琢磨著待會兒孔老闆走了我要如何開口。約莫半個鐘頭，孔老闆找到老先生喝茶潤喉的空隙說：「這位就是我跟你說的涂先生。」

　　老先生蠻客氣地與我握手說：「儂就是涂副總哦！久仰，久仰。」

　　我用英文回答：「Likewise Sir, but I do not speak Shanghainese.」

　　老先生應：「Never mind！」

　　然後轉頭跟孔老闆說：「伊就是新來搞得公司很成功的改革派，是吧？」

　　孔老闆趕緊接口：「是的，這次公司董事會授權他來談有關雙方債務的事。」

　　老先生說：「伊講話算數吧？」看來老先生對我的到來，心裡是有數的。

　　孔老闆緊接說：「當然算數，當然算數。」

時間也差不多，鄒先生也適時出現，催孔老闆去機場了。

雙方在門口又是一陣哈拉，才依依不捨分手。回到老先生辦公室，坐落後，老先生先用英語介紹了他與孔老闆的相識與老交情，並詢問了我的一些背景與經歷，然後問：「我們從哪裡開始？」

既然是來討債，就直截了當，不必客氣，尤其讓人生氣積欠那麼久又那麼多，好似不追就當做沒事似的。

於是我說：「先生應該知道我的任務，是來要 settle the long and huge outstanding 長期欠債還款的，這過去兩天我們雙方會計部門都對好帳了，所以請你的會計經理進來好嗎？」可能老先生沒有料到我那麼「快刀斬亂麻」，他停頓了幾秒，才回應說好，打內線請經理過來。此時我將帶來的資料從公事包中取出，待計會計經理過來，我就當著老先生的面將重要的數據逐一再核對一遍，基本上應該出入不大。

我請老先生再與他的會計經理確認積欠金額的總數無誤。

老先生先請會計經理離開迴避，並問我：「那你希望怎麼處理。」

「當然是即刻還錢（Pay it back to us now.）。」我不假思索地說。

老先生卻好整以暇的回：「但是我目前沒有那麼多錢還啊。」

我馬上接著說：「來之前我已經查清楚了，你在不同的銀行

有足夠的現金、活存、定存，甚至股票，需要我把清單給你嗎？同時我韓國的新聞界朋友也告訴我，你在韓國商界算是輩分很高，令人尊敬的人、很講信用的長者，我相信我們會很容易達成協議解決問題的。」

他不吭聲看著我。

我又說：「安興這將近一年來的進步與改變，相信你都看到了，我們還有很大的成長空間，我希望代理可以跟我們一起成長，我還有許多新的發展計畫，如果沒有代理的合作，是不容易做到的，所以我今天必須要把多年的積欠結清，我們才可能共同走下去。」

老先生靜靜地聽，突然問我，今後安興的發展計畫是什麼？我簡單向他說明，他頻頻點頭，我知道他已經在盤算如何還錢了。

「我看到安興的進步，也感覺到你的能力和潛力，我們願意全力配合。」老先生終於針對主題說話了。

我說：「既然如此，當下我最重要的責任就是解決舊債，請問你如何處理，否則我是不會離開漢城（現今首爾）回台處理後續，這是我承諾安興董事會的。」

老先生看我很認真，就說：「你要我怎麼做，我就配合吧！」既然如此也沒有必要再拖了，我說：「因為積欠太久，我的建議是，最好一次付清。」

老先生見我那般堅持，只好請會計經理來。我看他們兩人商

量許久，之間好像來來回回跟了兩到三家銀行交談，約莫半小時，只見經理拚命點頭，然後離開了。

老先生很凝重地說：「我們剛跟銀行商量，我只能先付一半的美金現金支票，另一半在一個月內電匯至貴公司。不知涂先生可不可以接受？」

其實這比我預期得要好，但我仍望著他不語。

少頃，我直盯著他說：「這是你最大的誠意嗎？」

老先生說說：「確實如此！」。

於是我就說：「既然如此，就請你寫一份協議書並將支票備妥，我明早到公司來取。那我就不打擾先告辭了，麻煩請鄒先生送我回酒店，謝謝！」

當晚我邀鄒先生在酒店共餐，並約略說明了結果，同時謝謝他的協助。

次日我抵韓國代理公司，老先生信守承諾備妥文件與支票，經雙方簽字，追債一事終告圓滿。深覺韓國老一輩的人很像我們老一輩的人，說話都算數。

●第十篇　知人知面不知心

加入安興之前，我就已經知道美國移民局的規定，當時也為公司著想，我必須尋找備胎，以防萬一。正巧老同事 Ted 是海陸台北業務經理，剛與美籍直屬主管發生嚴重的分歧與矛盾，離開了海陸公司仍待業中，直覺可以推薦給孔老闆到安興公司來擔任資深業務經理，深刻記得當時孔老闆與他首次見面，似乎並不以為然，這點我不得不佩服孔老闆看人確實有過人之處。但為了我的可能出缺，未雨綢繆而勉強接受，果不其然，Ted 確實是毫無道義也完全恩將仇報，並結合以「秀才」為首的一群敗類，刻意到處中傷抹黑我，藉此斬斷我帶給他們未來極大可能的不便，據他們內部傳出 Ted 的豪語稱：「涂某能做的我都能做，他做不好的我比他更周到，放心吧！」這讓「秀才」等沆瀣一氣而喜不自勝。雖然孔老闆自始就明白 Ted 不是一塊料，仍殷盼著我返台復職。

當我正全力衝刺，使公司短期內轉虧為盈、獲利豐厚之際，還無分晝夜地規劃公司的未來時，部分上層及敗類們就開始鼓譟爭權奪利拉幫結派，讓孔老闆極其困擾。而在我拜訪新加坡代理返台之後，據稱，「秀才」等與 Ted 圖謀去我為快以遂私利。讓人不得不有成事不足敗事有餘之嘆。孔老闆同我一樣，一直都被蒙在鼓裡。待我由美返台，孔老闆自是雀躍不已，並與我商討飛

韓處理追討鉅額債務事，也圓滿達成，孔老闆自是滿意非常。我卻不知他這兩日已深陷眾多讒言而不自知也不明察。返台次日，孔老闆找我去他辦公室，表示有事跟我談。這很罕見，過去他多半會來我處表達關心及鼓勵。

孔老闆一臉愁容地對我說：「你能短期就把公司救活並獲利豐盛，甚至討回巨額債務及策劃未來，我的確由衷地感激也佩服。但在你去韓國這兩天，我聽到許多對你極為不利的傳言，尤其是你對人和處理很不恰當，引起上下諸多的反彈，造成公司內部瀰漫著嚴重不合的氛圍。「唉！我承受了巨大的壓力。」我看著他聽他說，因不知所指為何，顯然秀才等拉了孔老闆之兄共同施壓。我無回應。孔老闆繼續說：「經董事會決議，要我請你將你目前的工作及辦公室移交給 Ted，改聘你為公司的最高顧問，跟我共用辦公室云云。」顯然他未經查證也沒跟我磋商，就乏力無由地接受了不實及決議，並即刻提出對我羞辱的決定。當下我倒是心裡嘹亮，毫不爭辯，爭辯還需時間和精力，不值，我反而不慍不火地說：「如果這真是你的決定，我沒問題照辦，我因你的盛邀而來，只是你不明辨是非，也不詢我意見，甚至你只有曖昧含糊的言詞代表你的決定，而否定我竭盡全力為公司的拚搏。那麼我很抱歉，只能說安興這個團隊毫無氣度和包容，我算看走眼了，而這個公司氣數也即將盡。」說完起身不等他覆我，回頭就走！

拋開不值就無需眷戀

我很替孔老闆扼腕。當即就將工作交予望眼欲穿的 Ted，毫無眷戀地離開讓我再度驗證我實力的地方。

回想，我本無意返來，只因不捨那份未了的使命，也不貪圖那份虛榮與工資，其實此時離開恰好而已，人生苦短，何苦再繼續淌這趟混水，而為人做嫁得不償失。

孔老闆雖是好人，但耳根子特軟又沒有主見，他創立安興航業公司，打拚一輩子，就屬這一年最風光，卻又好景不長，雖咎由自取，卻為時已晚。

離開安興，我即返美，在美期間巧遇安興的劉秘書也移民來美，並來舍下做客，相見唏噓，盡是我離開安興後令人感到不忍的傷心與紊亂。最經典的是，她提醒我 Ted 特別在我離開安興接手我的工作後強調，他將盡一切力量阻止我再回到台灣的航運界。說來也巧，我的一生都在台灣、中國、越南、香港和韓國設公司從事與航運相關的行業，包括海運、空運、倉儲、報關、船代、貨代，甚至跨境電商倉儲等業，期間曾多次巧遇 Ted，他連直視我都不敢；他還曾陪同英國老闆來我公司拜訪，也沒讓他難堪。何苦來哉？我寧可認為這是古人遺訓「厚德載物」的道理。

安興公司在我離開年餘後就易主了，出售給一位有長榮海運背景的黃先生，再經一年宣告倒閉煙消霧散，安興榮景曇花一現，

很快就走入了歷史。

其實回首來時路，由於急切想要改造安興的諸多惡習，未曾深入了解、無暇摸索細節，以致求好心切、操之過急，老天讓我過水，那也真是莫可奈何的事啊！

1984 年我創立瑞可公司未久，一日孔老闆突然來訪，語予我安興已經易手，也已關閉，我與他交集不多，也不明來訪之意，頗感尷尬。他突然問我新公司資金有無問題，我說還過得去，他又期期艾艾地說：「我想投資你，不知可不可以？」我客氣地說：「謝謝你，還看得起我，但我無此需要。」。他摸摸鼻子無趣的走了。我想他應該很懊惱，好好的安興，還沒搞懂原由，就被一群為非作歹的弄臣給搞垮了。

又過了幾年，某天我駕車在安和路住家附近路口，見他一人踽踽獨行，百無聊賴，見我打招呼，趨近我車窗前說：「你做得非常好啊！」我也不知怎麼回，綠燈亮了，我只好再見前行。唉！人生就是如此機會擦身而過，再回首已然輕煙繚繞。

此時距我預定 40 歲創業的時間也只剩下年餘，我必須要抓緊時間加油了！

時隔近 40 年，期間孩子親友也曾詢問我，為何從來不曾聽我談起過投資股票或金融商品，我只能說我的 DNA 沒有投機的成份，總認為能操之在我的事要比較踏實些。

金融商品總是要依附在實體的經營之中，當經濟發展正常的

時候，金融商品隨實體營運的好壞做正面起伏的獲利，在經濟狀況不佳的時候金融商品更會隨實體經營的優劣遭淘汰。所謂金融商品逢低購入，逢高出清誰都懂，但無法掌握的是時間差與劣根性。我寧可相信屬於自己的時間和秉性。

第 3 部

創業風雲

●第十一篇 養精蓄銳 準備創業

1982 年安興內亂，我及時離開，隨即返美，養精蓄銳，韜光養晦，正思考如何在年餘時間內返台創業，某日見在地《世界日報》的一則徵才啟事，謂一家在台北生產機車零配件的公司，徵求執行副總經理。我對此產業毫無背景與經驗，一心只想離創業地台灣距離近些，抱著一試的心態，隨手打了個越洋電話給該公司的徐老闆，我們在電話中交談愉快，他問我：「我是否可以馬上買機票到美國來與你深談？」我說：「當然。」三天後，我到機場接他，素昧平生，如此面試，還是生平頭一遭。接了機，他問我可否到我家裡來談，雖覺有點怪，又不便拂逆，這一路車程約莫 45 分鐘，他可是滴水不漏，抓緊時間，一路把我的學經歷問了個徹底。

抵家，稍事盥洗，我們坐下，他又開始口若懸河地介紹他這家叫「世運」（Olympic Inc.）的機車零配件公司，包括五家工廠，1980 年的營業額算是中型規模，希望聘我為執行副總經理，薪資條件還行，並承諾每年公司稅後盈餘 10% 作為分紅。看起來還稱合理，尤其在台北，至少比我在美國的資源和人脈條件好，當然對我未來創業有優勢，而新的行業也許能帶給我一個新的挑戰與視野。徐先生一通電話就不遠千里而來，誠意十足，甚至連合作草約都帶來了。當晚談妥，雙方條件都同意，當面就簽字了，他

借住一宿，次日原機返台。誠摯及積極都到位，讓我難以推辭，一週後我就整裝，又飛台履新了。

展覽奇招 吸引訂單

　　回台，方知世運（Olympic Inc.）是一家小型的個人企業，員工連我一共六人，在敦化北路與富錦街口一棟住辦大樓的一個單位，辦公室與住家各占一半。而所謂五家工廠，只是代工廠而已，非他所有，事前我沒弄清楚，是我的錯。倒是產品為大型機車玻璃纖維製的組裝後座硬箱（rear seat assembly saddle／hard bag）、前座軟袋（tank bag）及其他零組配件等……，所幸產品品質不錯。合約既已簽定，駟馬難追，加上我的自信，應該值得一搏！但仍與他約法三章：（1）公司全力支持業務開發；（2）我全權主導業務，不可干涉；（3）保證產品的絕對品質。徐老闆自知理虧，也深知有我的加入對公司將是一次脫離依賴貿易公司的機會，又見我似乎有十足把握，就二話不說照單全收，還請他夫人（會計）作了見證。

　　首先，我請老闆親自陪我逐一訪查五家代工廠的詳細狀況，深層了解每家工廠負責人的個性，每種產品製程的優缺點及其成本的分析，乃至報價的結構，還有最大的產能等等。然後再委託設計公司專責以我的概念，設計整套的產品行銷目錄，至少要讓

人看起來本公司很有國際觀。為了較快速拓展公司的業務，我查遍全世界各地重要的機車零配件大展，並擇優參展。所有的都同步進行，一氣呵成。所以初期的準備工作真是昏天暗地，異常忙碌，一人當三人用，徐老闆也不例外，跟著大家一起努力，工作情緒特別高亢，士氣如虹，我們都知道世運將起飛。

過去因無人能說英語，更無國際接觸，公司不曾參加過國際展覽的經驗，我帶著徐老闆首次接連參加了兩次美國的國際中型機車展，直接與客戶接觸談生意，由於是新參展，績效反應勉強，卻已超乎他的想像：世運（Olympic）何德何能竟能與世界級的廠商平起平坐共同參展。

1982 年 11 月，我們參加了全球最大的義大利米蘭國際機車及零配件展（EICMA）。展場有全球各地來的約四千家以上知名參展廠商，其中包括許多世界頂級的機車製造商。共聚集了數十萬計的進口商、經銷商、批發商、粉絲與參觀者在現場觀展，也藉此展示未來的新概念等不一而足，令人眼花撩亂，五花八門，色彩繽紛，爭奇鬥艷，非常刺激，耀眼熱情，令人瞠目結舌。

我們僅是默默無名、首次參展的小公司，但展前的準備訓練工作已是耗盡心力，人仰馬翻，直到進展場，與其他參展者共同裝設、布置等，就已經讓我們興奮莫名，熱血沸騰了。

開幕當天，現場陸續湧入近十萬人次，更是擠得水洩不通，令人血脈賁張，一個上午人來人往，竟無一人駐足我們的攤位，

1982 年米蘭機車大展，作者的公司準備了充足的展覽材料以為因應。

1982 年米蘭機車大展，作者自己動手做。

這還真不能怪別人，雖然我們很努力，但一來我們毫無名氣，也缺乏在地資源，且裝潢設置毫無國際感……，真想得到觀眾的注意或青睞，難如登天，想脫穎而出更是痴人說夢，接近中午周遭仍然人潮洶湧，卻我家門可羅雀，急得我心慌意亂，熱鍋上螞蟻卻直冒冷汗，更想到此次參展所費不貲，讓我心急如焚。再不使出我所有的急智與經驗，想出一個絕妙又有效的好方法，我們非被邊緣化、慘遭淘汰不可。這可是全球最大最重要的機車及零配件展，萬一鎩羽而歸，就很難翻身了。

　　無心午餐，看著滿坑滿谷，來來往往的人潮從我們攤位前視若無睹地走過，我拚命往阿基米德（Archimedes）所說的：「給我一個支點，我就能舉起地球。」的方向搜尋，用我的本能去擷取，突然間那個支點如火花般地跳了出來。二話不說，我就站在展覽攤前，左右手各拎起一個硬箱，扯開喉嚨，以極大的聲量對著人群大吼：「請注意！請注意！Attention！Attention！」聲音響徹雲霄，只見人群紛紛駐足好奇地望著我，我隨即將手中的一個重機車硬箱，奮力猛往地上砸，轟然巨響，人群驚呼，我大聲地說：「看，沒破！Look, no broken！」果然引起眾人好奇圍觀，我邀觀眾都來試捧，這下果然搞得沸沸揚揚，好不熱鬧，當人潮越聚越多的時候，我就更來勁，將另一個硬箱拋向空中墜地，又是轟然巨響，引來更多人圍觀，我當場對著一位身材魁梧的黑人向他大聲的邀請：「請站上去。Please, stand on it.」，他有點猶

豫，眾人跟著吆喝：「站上去！站上去！」現場已經沸騰了，於是我牽著他的手，他小心翼翼的站了上去，等他站穩了，我又吼：「跳！跳！跳！Jump！Jump！Jump！」他說跳壞了他不賠，我說不必賠，眾人如癡如狂地跟著喊：「Jump！Jump！Jump！」他實實在在地跳了好幾下，結果產品依然完好如初，現場觀眾掌聲雷動。大家一窩蜂撲向我們的攤位搶目錄與名片。老闆與助理們手忙腳亂去應付，我則大聲回答訪客對產品的疑問。那整個下午我們都忙翻了，現場的樣品目錄與名片全被搶光。其實我在廠裡曾經試過，倒不曾想過作現場秀（show）！

晚餐時，老闆興奮地說：「呃，你膽子好大，快把我嚇死了。」我淡淡地回他：「別擔心，有我在！」接下兩天 Olympic 的名字依然不絕於耳，所有帶去參展的東西無一留存，大獲全勝，羨煞同行。結束展覽當晚吃飯時，我語重心長地跟老闆及助理們說：「緊接下來的必然是大量訂單的安排及品質的保證，備極辛苦，維護 Olympic 品牌才能鴻圖大展，我會和各位一起嚴格執行監督。」回到酒店我請老闆緊急通知各工廠即刻備料。這次展覽因我及時找到了支點，出乎眾人的意料，一炮而紅，佳評如潮，果真是天下沒有做不到的事，只有想不到的事。公司的訂單如雪片般飛來。日本四大摩托車廠（Yamaha、Honda、Suzuki 與 Kawasaki）都想找我們合作。展後，我還因此偕同老闆受邀到該四大廠的集中地日本靜岡濱松市（Hamamatsu），與四大家個別

面談。之後又受邀前往德國慕尼黑拜訪 BMW 總部的機車部門，洽談合作的可能。Olympic 品牌一夕之間就火紅了。但是伴隨而來的憂患意識，讓我語重心長地忠告徐老闆稍安勿躁，此時要更冷靜與低調去思考未來的發展方向，當市場真正地接納「世運」的品牌與商品之後，就是確立永久自有品牌之時。尤其要好好持續創新並規劃管理及提升素質。要知道機會往往就是兩面刃，得失皆有，倒要知所拿捏！目前全心賺錢，厚植實力最重要，談合作是下一步的事，切勿被眼前的一點成功就沖昏了頭。

經過年餘的努力，公司的業務真是不可同日而語，五家加工廠全天 24 小時加班都來不及出貨，老闆終日笑呵呵。員工由原來的六人增至 30 人，辦公室空間完全不夠，徐老闆很快就買下同層樓的另一個單位，遷出做為居家專用。

年底毀約 大失所望

1983 年舊曆年前，我估算公司稅後應該至少淨賺了新台幣800 萬之譜，當時同樓一個單位價格約在 120 萬元。依合約，徐老闆應至少分我紅利 10%，但他卻請他太太（會計）給了我不到1% 的獎金，相去天壤，徹底違約，他因得意忘形而毀了信用，因貪婪而忘了初衷，甚至還刻意躲著我不見我。這著實惹怒了我。他的妻子負責會計與財務，知之甚詳，過意不去又無能為力，過

年時私下又送了個紅包聊表補償，不痛不癢，啼笑皆非。她坦承這一年是他們有生以來最輝煌的日子，他們全家都非常感激我。我請她轉交辭職信予徐老闆，她眼眶含淚，滿臉的歉疚，不發一語雙手收下。

好友咸認，徐老闆欺人太甚，要我告他違約背信。由於我創業時間在即，深以為與他這種人上法庭纏鬥周旋耗費精力，殊為不值。

一如過往，我盡心盡力為公司擴大版圖，謀取厚利，為何總有人見利忘義，罔顧信用，這對我而言的確傷害匪淺，但我抱著創業前小不忍則亂大謀的心態，硬是吞下了這個羞辱與試煉。只深信人的容量有多大，未來的路就有多寬。我也再度證實了我「能」四兩撥千斤。

約莫半年後，我聽說他因鼻腔癌辭世，生命就此畫下了糊塗的休止符，令人感嘆不已！

●第十二篇 創業之路 事在人為

自 1979 年離開美商海陸公司，前後經歷過在美國的四家公司以及返台加入丹麥馬士基、安興及世運，一共七家公司，他們完整了我離開美商海陸公司後的資歷與閱歷，也豐富了我為人與處事的道理，更證明了我不再是隻安逸的籠中鳥，而可以單飛了。

回顧我自憲兵退伍，給我印象較深刻的是兩家世界級的海運集團公司，他們給了我世界觀的學習經營管理的機會，真是三生有幸啊。

離開美商海陸公司，我沒有即刻創業，是因為工作與創業兩者之間的現實差距著實太大。若真要自行創業，我必須要落實經過打拚奮鬥，加上艱辛磨練打擊的過程，做好創業前舖墊的基礎。整整五年（35 至 40 歲），我在不同的產業及不同型態的公司中，領受不同實戰中的磨練與挑戰，沉澱與適應，學習與成長，忍耐與包容，方知在身歷其境中，如何截長補短、四兩撥千斤，抓住創業的「支點」，得以少走冤枉路。回頭過眼雲煙，那些微不足道，爾虞我詐的過程，讓我在創業途中有了更開闊的胸襟，更深度的包容和更精準的取捨。同時也要感恩這一路相伴的同仁及同儕們，無論好壞所給我的機會及歷練，讓我在轉折起伏、抑揚頓挫中愈能明心見性，因瞭解而慈悲。

創業初期 試水溫

過去受雇於人專心治事，遇到再多、再大的困難，只要針對性地找出解決的方法即可。創業則不然，開始就要有一種寬宏、完整、全面並兼具彈性長遠架構的想法。

因世運公司徐老闆的違約，我被逼離開，比我預期創業的時間提早了幾個月，又經朋友推薦，先試著與一位軍方高官之子王先生合作，王先生從事保險、貿易、貨代及軍方生意，亟欲找一位可靠的人合作，以避開業務的重疊及抵觸。王先生得天獨厚，志不在此，醉心快錢（quick money），加上他人事包袱極重，合作數月之後，終因基本理念不同，我無心戀戰，經過懇談分手，雙方言明，今後攸關國際貿易的業務屬他，攸關國際運輸的業務屬我，各取所需，各行其是，合情合理，分道揚鑣。

1984 年 4 月我正式創業，在台北市民權東路一棟辦公大樓四樓，由四個人開始，順理成章，合乎期盼，正是 40 歲整，設立了獨資的瑞歐有限公司（Realco Ltd.），取此名字，預期業務市場將先以瑞典及歐洲為主。開始為自己的生涯竭盡所能，全力以赴。迄今匆匆 38 個年頭，仍孜孜不懈地走在不忘初衷的事業道路上。

以過去 20 年國際航運與國際貿易的經驗，加上為人處事與人情世故的歷練，我先確立了未來核心事業（core business）的「方向」，再權衡當下主客觀的條件與國際趨勢，我選擇最靠譜的「方

法」去從事較為熟悉的國際貨代、物流、船代及相關。除了比較駕輕就熟，失誤較少，也因發展的空間較寬。依循不躁進、不冒進、按部就班、步步為營，穩紮穩打的經營理念。

創業月餘，正巧好友姚先生任職外貿協會，邀我便餐，並告知他將外放至瑞典首都斯德哥爾摩（Stockholm）做代表，席間他很興奮地為我介紹北歐三小國瑞典、丹麥、挪威是世外桃源，人民道德水平、教育程度以及收入都高，更是科技大國。過去我也曾接觸過一些瑞典、挪威的大公司，但不曾深入瞭解過，經他介紹，讓我豁然開朗，增加見聞，也很嚮往。同時我也告訴他，我已成立貨代與物流公司，請他到了瑞典得便幫我注意一下該地這個行業的狀況。在互道珍重與祝福中分手。意想不到後來瑞典與歐洲如期真成了我事業上一個重要的起點。

當時台灣的貨代與物流產業剛剛萌芽，多係外商公司在台設立的分公司，而本地的公司規模較小，半路出家，對產業的認知也不完整，尤其吃虧在當時台灣以出口為大宗導向，貿易條款多為FOB，運費多在國內墊付，再由國外代理於貨物抵達目的地後才代向貨主收費，再匯回台灣結算。當時苦無系統查詢，國外代理的信用良莠不齊，往往造成積欠甚至呆帳或壞帳的可能。這也是國內此行營運上的致命。所以國外代理信用的好壞，反而成為營運成敗的關鍵。當時美國市場最大，但競爭也最激烈，讓我這個新手對美國市場總被動不敢冒進。

●第十三篇 首訪北歐之瑞典、挪威

瑞歐有限公司初創，資金不厚，更忌憚收帳的風險，自然想起姚兄履新行前所說北歐諸國的狀況，再加上市場相關資訊的收集，北歐三國瑞典、丹麥、挪威總人口約 2100 萬人，跟美國市場相比確實天壤，所以並非兵家必爭之地，但消費水平高、教育程度高、人民素質高，相對市場競爭也較平和。確實是我預期值得進入的市場。於是心動不如行動，當時北歐時序入冬，我乃即刻通知好友姚兄及瑞典和挪威幾家相識的客戶，稱週內即啟程直飛斯德哥爾摩，再轉挪威及周邊國家做初步業務推展拜訪。

訪老友 遇貴人

首次千里迢迢由台北轉機荷蘭阿姆斯特丹，再飛斯德哥爾摩，首先拜訪了瑞典舊識 Axel Johnson AB，該集團成立於 1873 年，是橫跨全歐，涉足航運貿易及相關百業為主的家族企業，有近 150 年歷史的商業巨擘。我與前合夥人有約在先，凡貿易的歸屬他，所以貿易相關我不涉及。該集團同時擁有一個全集裝箱輪船公司 Johnson Lines，可惜目前只定期航行於歐美之間。透過舊識的安排，禮貌性拜訪 Axel Johnson 總部，並有幸與家族第四代 1982 年新的掌門人 Ms. Antonia Johnson 會面並共進午餐。在斯

德哥爾摩市中心一棟古樸雄偉的總部，Antonia 坐鎮頂樓，俯瞰全市，運籌帷幄全球約十萬多名員工、2000 多億美元以上營業額的龐大企業。午餐在頂樓私人餐廳，其形如船上的艦橋（ship bridge），全是深褐色發亮烏金木裝潢，高貴典雅。主人平易近人，相談甚歡卻乏交集。餐後，舊識帶我參觀大樓各層，印象最深的是，某層全是一間間隔離單獨寬敞的辦公室，約 20 餘間，僅有一位先生與一位女士在內，經詢都是大名鼎鼎的商品經紀人（commodity broker）與秘書，其商品諸如大宗石油、黃金、鑽石、大豆、小麥、咖啡、棉花、能源……等的買賣，應有盡有，代表著年產值約 USD 1.5 billion，非常驚人。大致瞭解了該集團總部的架構，並交換了若干名片，希望日後有機會能合作。真是歎為觀止，對剛創業的我連憧憬都覺得奢侈。

傍晚返回酒店，即致電好友姚兄，並請他下班後來酒店敘舊，嚴冬故人來，愈顯親密。電話中，他特別開心並激動，說已經有資訊要給我了。

見面時，他穿著厚裘戴皮帽、厚手套圍毛巾登皮靴，全副冬裝，差點認不出來了，他口中呼著熱氣，緊握我雙手。我知道他喜歡小酌，特地帶了兩瓶高粱、一瓶洋酒送他，聊表寸心。異國相見格外熱絡，晚餐時就聽他滔滔不絕地介紹他的工作及新鮮事兒，這兒夏天晚上 10 點才天黑，冬天早上 10 點才天亮，剛來晨昏顛倒，酒過三巡，我想起他說已有資訊給我，他即說上週剛聽

說有一家瑞典國營運輸集團公司表示想找家更好的台灣代理，並給了我在哥特堡（Goteborg）負責人的名字、地址和電話等。他說：「你來了，正好去試試看。」

與 Martin 結下不解之緣

次日是週五，我致電給這位 Martin 先生，電話中相談融洽，他告訴我，他已訂妥下週飛台北的班機，我說不巧我剛到此，尚有許多行程要跑，約三週後才能返台，他問我目前人在哪？我說在斯德哥爾摩，他說：「哦！沒關係，我可以在台北等你。」我當即電話轉知姚兄，並詢哥特堡在哪裡？他說在南邊飛行約一小時。於是我即刻又電話給 Martin 問他：「方便我明天（週六）大早，飛哥特堡來見你嗎？」他有點意外但很開心地說：「當然好啊，沒問題。」我即刻下樓向酒店櫃台訂了明晨首班機飛哥特堡。瑞典冬天凍極，週六清晨恍如冰窖，雪花飄飄、北風蕭蕭，但我卻滿腔熱血，由斯城首都飛哥城。週六清晨，機上人不多，一出閘門，即見不遠處一位帥氣的年輕人向我揮手，驅前握手致意、寒暄，一見如故，離開機場進入市區，他突然在一家店門口停下並走入店內，數分鐘後，拎著大小包東西上車，續開約 15 分鐘又停車，在一棟公寓門前對我說：「到了。」心中雖然納悶，也只好跟他上至二樓，他打開門讓我進去才說：「抱歉沒跟你先說，

這是公司讓外地來的同仁出差時免費住宿之處，我想你一定沒有訂房，希望你不介意，今晚就住此。」然後要我稍憩，他把剛買的大包小包打開，竟都是雞蛋、麵包、牛奶、沙拉和咖啡，他就做起早點來，一會兒功夫早點上桌，我們兩人對坐，邊吃邊聊，有如老友相逢，感覺氣氛特別好。Martin 到過台北多次，很開朗健談，我們相見歡，笑聲不斷。吃完早點，他說如果我不介意，他想帶我到公司去看看。他年輕熱忱，卻又深思熟慮。

原來 ASG AB 是北歐最大的國際運輸集團，轄下有鐵路、公路、海空貨代物流和倉儲等等。Martin 負責海運貨代（International Sea Freight Forwarding Division），尤其是國營企業，讓我即刻想到少了財務風險，無後顧之憂，而可專注業務的拓展。

Martin 是對台的負責人及窗口，他為我做了公司部門的簡報，也聊了未來對台灣市場的展望等等，我也回以個人的經歷與市場的分析，他送我一些公司簡介及說明，因是週六，他的家庭日，我請他早點送我回住處，相約次日上午再敘。抵住處即致電姚兄，他表示就他的經驗所知，一般瑞典人與外人初次見面都會保持距離，如 Martin 初次見面會對我那般熱情、好感，倒是少見，並調侃我是人見人愛，顯然是好的開始。晚上將 Martin 給我的簡介等好事瀏覽了一遍，也瞭解 ASG 在許多重要的市場與國家都有分公司與代理。這個四兩撥千斤的「支點」，讓我怦然心動！

週日上午，他帶著長子與雙胞胎來住處找我，我們出外到公

1985 年與 ASG AB 公司副總 Martin Jelf 共同視察保稅倉庫於楊梅為 Ericsson Project。

園走走,他們很享受北歐冬季微弱的陽光,卻把我給凍慘了,但彼此加深了許多的認識,我向他坦承我有較多的船代與貿易經驗,但較少的貨代與物流接觸,公司成立才四、五個月,他卻表示問題不大,重點在人的素質云云。傍晚送我搭機返斯城,在候機室我告訴他,我後面的行程,並請他如果可能,先通知各該地區 ASG 的代理及負責人,允許我在既定行程內就便前往聯繫面見,他很爽快地答應了,並在 ASG 簡介上勾註記號並稍作介紹,

我註記下來，請他先徵詢對方再通知我秘書轉知我是否往訪。我再三真誠地感謝他的盛意接待及安排，並相約台北見，依依不捨珍重道別。自此我們就結下了近 40 年深厚的公私友誼延續迄今。

離開瑞典，我每到下一個城市，會寄一張明信片給 Martin 表示行程，事後他告訴他的好友們咸認此人有情有義。兩年後，他就毅然加入了我司為副總經理，期間並促成 ASG 與 Realco 兩家公司的投資合作的關係。雖然屢遭 ASG HK 總經理班特（Bengt）的為難與杯葛，並種下相互之間的嫌隙但仍是善緣，此為後話。

公司運作之初，依我的經驗，就發現傳統仰賴業務員（salesman）開展業務的方式，易造成公司在管理上龐大的負擔與困擾，因業務員容易見利思遷甚至帶走客戶自立門戶，進而爭奪國外代理等後遺症。我未雨綢繆，做了結構性的改變，我公司以我個人為開展業務的主體，親自往全球各地尋求合適的代理為業務的主軸，如此我每爭取到一個代理，總能即刻有數十或數百個客戶帶入，如此數十年如一日，雖然每年我必須用五到六個月的時間在天上飛、地上跑來增加公司的業務，同時培植可靠的幾位業務員如我一般的運作，方不至終日擔心國內劣質的競爭使客戶嚴重隨時更迭。國外代理與我司一旦建立了互信，也就不易改變合作關係。我司如此獨樹一幟在市場上鮮少殺價搶客，反而成了一股清流。

離開瑞典，我又往訪挪威、丹麥和西歐諸國，然後美東、美

西，我如約造訪了 Martin 所提供的 ASG AB 分公司與代理，多數同意接到通知就將既有的生意轉給我們瑞歐公司（Realco）。在返台前，我應 Martin 建議順道轉往香港，會見香港總經理班特（Bengt），也是 ASG AB 亞洲代表，之前 ASG AB 長期由德國鐵路局所屬的信可公司（Schenker）代理業務，我往訪班特於香港時，ASG AB 僅有兩人，但感覺到他對於 Martin 在台灣直接的安排略有意見，這也造成 Martin 五年後離開公司的主因，此後我單獨與班特有長達 20 多年既糾葛又合作的歲月……。

首次環球業務推展考察之旅，因在瑞典與 Martin 面談相當順利，讓我對未來充滿信心，加上挪威 Ragnar 予我石化輪代理的新嘗試，讓我更增添勇氣。風塵僕僕月餘返台，Martin 如約候我，並告知各方對我的反應都是正面且肯定的。因此他也做好了 ASG AB 指定我司為台灣總代理的前置作業，為了保守機密，未曾拜訪過我司，以免橫生枝節。我返台後的一週，就先接下海運代理業務的細節，他告訴我萬事齊備，他才會正式通知台灣原代理，一切有條不紊讓我們順利地接手，並稱他返瑞典即進行空運（air freight）的轉接事項。六個月後，我又飛瑞典，敲定年餘後 Martin 加入我司並膺副總經理職，我是董事長兼總經理。營運之後，讓我們如虎添翼。我遂讓公司從此融入了「以東方人和為主軸」與「以西方效率為重心」的經營模式。

期間我們共同策劃執行了國內政府多項大項目，如 Ericsson

1988 年與 ASG AB 集團公司簽屬投資合作契約，右邊為 ASG AB 總裁。

projects。終因 ASG HK 班特的處處制肘，再加 Martin 個人的生涯規劃（career plan）等諸多因素，共事五年後，他決定在我全力支持資助下，自己創業了，一晃將近 30 年，我們仍情誼長存，他的事業發展得非常成功，不到 60 歲就退休了，而我還在忙於企業的管理與拓展。他並遷往泰國普吉島，過著逍遙快樂、閒雲野鶴的日子。2016 年特邀我家人及友人等去普吉島度假，搭上他的私人遊艇出海，甚是歡愉。這就是善緣起自初見。Martin 目前仍時常往返泰台兩地，此地也有房產，每次來台必先到公司訪我並

共餐。記得 2004 年 12 月 26 日南亞發生大海嘯，普吉島首當其衝，當時我人在上海，緊張得連續三天打了數十通電話都無人接聽，第三天 Martin 輾轉抵曼谷急刻來電報平安，原因是大海嘯的海浪沖到離他的別墅不及百米，當下許多人死亡，他努力救人，音訊全無，待第三天他才被安置到曼谷。2020 年 COVID-19 全球瘟疫嚴重，無法來台，期間仍相互關心慰問，並常問我台灣何時解封，他急著來看我，終究我比他年長了一輪有餘。

到挪威拜訪 Ragnar

1984 年初，還在與王先生合夥時，某日在台北辦公室電梯口，偶遇一位挪威的船東代表 Ragnar Tysland，短暫的交談，卻相見恨晚，他當下告訴我王先生對代理船務無興趣，而他們當時的代理是台灣的英商怡和洋行（Jardine Matheson）台灣分公司，卻不理想，因我尚未設立自己的公司，聽他說只有唯唯諾諾，沒有多談。英商怡和洋行是讓人聽了會讓人尊重的百年老店，可惜滿清時在中國以販賣鴉片毒品及採購絲綢茶葉出口賺錢起家，後在香港股票上市成為富商巨賈。待 1984 年 4 月我創業，有了自己的公司，我發訊給 Ragnar 將訪北歐，當然也包括到挪威拜訪他，他似乎早已料到，也非常期待與我見面。

離開斯德哥爾摩，我搭週一清早班機飛挪威最大港口，也是

第二大城卑爾根（Bergen），人口僅 40 餘萬，過去從沒聽過的地方，行前查過資料，曾被聯合國評為歐洲文化之都，氣候溫寒多雨，是個雨港。抵機場出關，只見高大滿臉落腮鬍、戴深度眼鏡且文質彬彬的 Ragnar，正在不遠處笑呵呵地揮手迎接我，像是 20 年未見的老朋友一般。此城讓我想起了多雨的基隆，但兩相比較，人文與自然的層次確實有段差距。卑爾根街道乾淨整齊，卻不失其特有的風味，港口海水清澈碧藍，空氣也幾乎一塵不染，嚴冬之下卻無窒息的感覺，讓人心曠神怡。Ragnar 是 Jo Tankers（傑歐石化輪船公司）的全球市場業務總監，送我入住酒店洗把臉就直奔公司。當年 Jo Tankers 是全球第三大的石油化學輪船公司（Petroleum chemical tankers），與瑞典 Johnson Lines 是合資的關係，因此稱 Jo Tankers，老闆也是北海油田的股東。我首次接觸到這種最複雜（sophisticated）、最先進（advanced），也最危險（dangerous）的海上石化液態化學輪的運輸，覺得新鮮，心情也特別激動。它完全不同於油輪（crude oil tank），後者是載運原油屬基本原料，而前者是載運石化產品，不可同日而語。該種石化產品油輪整船被漆成橘紅色，俾航行中易於辨識，船體完全以不銹鋼的結構與複雜的電腦管控以及極致的安全要求，在航運界無出其右者。當我們有了代理高難度的石化產品油輪的經驗之後，代理 50 萬噸原油輪就輕而易舉了。

首次與 Ragnar 的同事及家人相處的三天當中，我不但首次登

JO TANKERS MT JO Oak 雄姿。

上了石化油輪，實地接觸、學習及瞭解它的概況與運作，也受邀
到 Ragnar 家中作客，讓我認識他的家人，並數次共進晚餐，備感
溫馨。

　　除了散裝船、集裝箱船之外，石化油輪對我完全是個新的嘗
試。Ragnar 不厭其煩地在這兩到三天中為我詳盡解釋、說明，也
給了我許多紙本資料，讓我如獲至寶，學習新知一向是我的渴望。
三天時間一轉眼，離開時他直截了當地告訴我，他要即刻換掉台
灣怡和的總代理權，指定我為代理，這讓我大吃驚，因我公司剛
成立，而且是貨代及物流而非船務代理的執照，我如實跟他說：

「我沒有船務代理的執照啊！」他瞪眼隔著厚厚的眼鏡看著我笑說：「又怎樣？So what?」他老兄倒是胸有成竹，也老早幫我打聽好了如何為之，繼續說：「別擔心，你回台灣先找一家你認識、可靠的船務代理公司，向他們借用執照即可。」他老神在在地告訴我：「同時今晚打電話回去要公司即刻去申請船代執照。」我又有點心虛地說：「這石化油輪我還是第一次接觸，做總代理行嗎？」他很幽默地說：「數月前第一次在台北電梯內短暫的交談，我就覺得你是把好手。」我笑著說：「那我們是一見鍾情嘍！(know at first sight)」兩人相視大笑。Ragnar 人很憨直，也很幽默。他接著說：「這兩天你對新知識的吸收與反應比我想像更快，其實我在台灣時也打聽過你，你在市場上有好名聲。」對世界級的大公司而言，選擇代理的大小並不重要，而是主其事者的資質（qualification）及秉性（mettle）才重要。Ragnar 只比我長三歲，當年不過 44 歲，但博學而穩重。

挪威行再度讓我收穫豐碩、圓滿順利。也讓我時時深思，如何做好接任陌生的石化油輪總代理的工作及責任，不枉他對我的期待。

離開挪威，繼續後面行程，約三週後返台，即刻租妥了高雄一家船務代理公司的執照，並通知 Ragnar 將 Jo Tankers 台灣總代理權由英商怡和公司轉過來，並正式為他們服務，轉眼 30 年，直到 Jo Tankers 被另外世界第一挪威籍的 Stolt-Nielsen Tankers 併購

1999 年，Jo Tankers 亞洲公司成立五周年。

▲ 2003 年，Jo Tankers
亞洲區總經理來台致贈
感謝狀。

▶代理 JO TANKERS 20
年感謝狀。

為止。

　　當租用高雄的船務執照的同時，我也設立了瑞柯船務代理公司（Realco Shipping Agency Ltd.），但手續繁複，迄 1988 年底才獲得主管機關批准持有甲種執照，並順利移轉了 Jo Tankers 的總代理權。

　　從此之後，瑞柯船務代理公司正式加入了台灣石化產業的大行列。這個起於 1950 年代，已歷 70 餘年的石化產業，包含的範圍極廣，大凡總體民生用品產業及其供應鏈的原材物料都在內，也就是包括了創造「台灣經濟奇蹟」以及「亞洲四小龍之首」的絕大部分產業鏈都完全相關，更是迄今台灣高科技整體發展背後強而有力的後盾。由於台灣本島及周邊海域地下幾乎完全沒有或不值開採的石油資源，故絕大部分原材物料都仰賴進口。但全球石化原料供應商都是世界超強石化集團所把持，如 BP、Chevron、Exxon、Philips、Conoco、Total、Texaco、Amoco、Arco、BASF、DOW、SABIC、Mitsubishi、DuPont etc.⋯⋯，及旗下或所屬的供應商或貿易商等等。當年開展台灣石化業，完全受制於供應商及船載量的分配，包含價格等，均由集團成員組成的世界聯盟把持做成規定與決定，尤其是美商幾乎掌控全局，台灣進口商對指定裝船，尤其是特殊化學船的經驗知識不足，故毫無置喙的餘地，更不敢貿然擔負起船舶租賃的責任，當然如果安排不妥更怕因此斷料，影響整個生產的運轉那可不得了，因而讓供

應商到了幾乎予取予求的地步。

　　我從 Ragnar 處學到了精髓如何帶領台灣進口商逐步去了解並改變了交易的條件，從 C&F ／ CIF 轉為 FOB，由台灣進口商自己主導，並與航商直接簽訂租船合同（charter party）的新時代，記得全台第一張租船合同就是我協助聯成石化陳經理簽成的，這點還要感謝陳經理的高瞻遠矚及膽識信賴，自此台灣才開始逐步擺脫受制於人的極大束縛，也開創了台灣石化進口商直接租艙位的先河，從此各家紛紛跟進，蔚為風氣，終於享受到了自由貿易的功能。期間我甚至要求 Jo Tankers 挪威總公司免費多次派遣專業工程師前來，協助並指導業者在麥寮港石化碼頭管線的改進以及台南駁船裝卸的安全設計，乃至港邊油罐車裝卸的世界安全程序等等，也算為台灣石化產業略盡棉薄之力。

處理靠港意外及緊急事件

　　台灣地下無天然資源，所有的石油，石化原料幾乎都從歐洲、中東、美國、加拿大等地運來。自從我們代理 Jo Tankers 之後，絕大部分進口廠商從我們深入淺出的解說，盡心服務的過程中，對石化輪（petrochemical tankers）的全球營運概念有了認知與瞭解，也深具信心，更讓 Jo Tankers 認同與肯定台灣市場是遠東營運的樞紐。

記憶最深刻的是，2014 年 7 月 31 日的意外事件。當天 Jo Tankers 的船停靠在高雄 29 號專業碼頭接管卸貨，化學船裝卸多是液態或氣態產品，所以總是接管子裝卸貨物，以求其快速裝卸，為避免洩漏造成危害，在船抵港前離港後必須安排消防車及救護車在碼頭邊待命，以防萬一。由於碼頭席次有限，所以搶碼頭也是常態。

　　那天早上 7 點多，我接到高雄分公司經理急電，他上氣不接下氣說：「老闆，不得了！台塑 29 號碼頭的岸上油槽氣爆，濃煙沖天，所有化學船都停止裝卸，都要離港了……。」情勢緊張，我說：「請船長說話。」顯然船長就在旁邊，他搶過電話就氣呼呼地說：「請聽我說，我們必須馬上離開。Listen ！ We must to leave……」我即刻打斷他並說：「船在海上航行是你負全責，但在港內是我負全責，請勿輕舉妄動，聽我說，請你即刻上甲板，看是否有火焰 flame ？」他帶著手機跑步上甲板並覆：「沒有，但有可怕的煙霧，也可能有瓦斯或毒氣…… terrible big smoky air, also possible gas and poison……」我說：「請你用手指測風向，是從海上吹進內陸，還是陸上吹向海面？」他說：「由海上吹進來！」他開始心平氣和了，我才說：「船長請別恐慌！」我請他把手機交給我的經理，他唯唯諾諾。我跟經理說：「事情沒弄清楚前，千萬不要自亂手腳，港務局至今有緊急通知封港（port closure）嗎？」他說：「沒有。」我說：「當然沒有，因為爆炸

當下，港務局一定會先查看電腦紀錄，出事的油槽內裝的是什麼，那是封不封港的緊急處理原則。否則就天下大亂。」凡事緊急當下，最重要的是冷靜，然後是專業判斷及常識。

當下其他所有的石化油輪都匆忙離港至錨地避險去了，只有我們代理的 Jo Tanker 沒有離開，繼續卸貨至完工才離港。此案在船東、同行及港務局間造成極特殊的案例。咸稱因我們精準的判斷，避免了後續一連串船期延誤以及整個供應鏈的失序問題。而其他石化油輪當時匆忙離港，下錨地再進港重新裝卸貨，花費不少的時間與費用，更搞亂了整個船隊的航程與後續業務。當下我的判斷加上船長的配合，有以致之，也傳為佳話。

另外一次，船東緊急來電，某船上載有 3000 噸和 5000 噸兩批不同的貨，但屬於同一貨主，即將抵基隆港及台中港分別卸貨，只因船期的調動及後續載貨時間的緊迫，因此船只能在台灣靠一個港口同時卸貨，否則就會失去後續重要的船期與貨源。希望我能解決這個非常棘手又複雜的問題。由於兩票貨屬同一收貨人，但有兩個供應商即是兩個不同的租船人（charterers），也簽了兩份不同的租船合約。航線順序的重新安排、港口泊靠時間的調整、船邊卸貨油罐車數量的預備，以及租約的修改與責任的釐清等等都極耗時費事，一天之內想辦妥幾乎是不可能辦到的，但我知道這個超乎常理的請求，絕對是非不得已的，我毅然承擔此一看似不可能的重任。

當即請相關人員分頭即刻作關鍵的聯繫，並於一小時內確認。我則與收貨人說明、溝通原委，必須要將原分卸於基／中兩港的貨合併在台中港卸，誠非得已，還請配合，而所有油罐車（tank lorry）我們已安排妥當，走高速公路向北向南分別送往桃園與彰化收貨地，也已與海關溝通過可予一次清關，額外的開銷概由我司負責，請貨主做內部必要的協調以取得即刻的同意。船東也已分別與兩個不同的供應商取得無異議修改合約（amendment），在短短一天之內全部搞定，確實出乎所有相關部門的意料之外。如此收貨人非但無害反而得利。要發揮這種緊急溝通協調的功能，前提是要有深度的瞭解，更要有高度的整合，作無縫的接軌。而關鍵在全球時差（jet lag）的掌握，所有國內、國外的關係人與我之間非要有絕對的信賴不可，只要有丁點的懷疑，都將前功盡棄。尤其最後岸上油灌車的安排超過原有同時集中雙倍以上的運量，且要在預估船舶停靠時間內完成。當整個事件圓滿結束時，各方讚譽紛至沓來，我卻大汗淋漓，幾乎癱瘓。但也證明了唯有寬廣的常識，才有可能整合帶領專業協同一致的作業。不可能的任務（mission impossible）往往也肇因於絕佳的信賴與協同作業（exceptional trust and full collaboration）。

　　早年台灣代理石化油輪的船務代理公司真的鳳毛麟角，只因 Ragnar 帶領我進入此行，我沒有辜負他的善心與期望。有了 Jo Tankers，我們才有機會展現我們的潛力，之後又陸續增加代

1996 年，代理加拿大最大私人企業之一 CP-SEA 所屬 Candian Pacific Tankers 來訪，右邊第四位為作者，左邊第四位是 CP-SEA 的董事長。

理了數家世界有名的化學油輪公司，如 Canadian Pacific Tankers、Aurora Tankers、Adriatic Tankers、Eastport Singapore 及其他 Shipping management、Tankers charters 等等，業務因此欣欣向榮。這些都是「支點」的證例也給了我們機會重重，開拓新的整體商機。自 1985 年我們開始了經營石化油輪代理的業務，也藉此常出國觀摩學習，絕不故步自封，因而開創了船務與業務的深耕模式，既得良師之導，也獲益友之助，幾乎所有台灣的石化先進，如台塑、

奇美、李長榮、高樹、長春、大連、中美和、聯成、中油、台化、合益、聯華、台達、台苯、台橡及台聚等等，都是我們的主要客戶。我與在地的國際石化代理及貿易商也保持極密切的互動。當年台灣的石化業是十足的火紅產業，他們幾乎撐起了整個台灣經濟的奇蹟，再加上中下游的多層次加工出口前景無窮。可惜一般對石化油輪的基本概念乏人深入了解，舉凡裝載易燃、易爆、有毒、氣體、液體等貨物都屬「危險品船舶 dangerous ships」，皆需具備極嚴謹的世界石化安全標準（world petro-chemical safety standard）。而盲點將造成貨主在供應鏈上安全的障礙及空氣汙染的傷害等，當然間接也嚴重影響廠商對價格與存貨精準的控管。

由於 Ragnar 縝密的扶持及我用心的學習，對台灣整體的石化產業提供了及時有效的服務。惟自 2000 年始，石化產業因全球競爭、中國及東協各國相繼崛起，加上台灣因環保意識等抬頭及整體成本的增加，台灣石化產業逐漸失去優勢而形成外移的風潮。石化油輪彎靠台灣也相對減少，雖然我們仍持續代理一些，但榮景已不復過往。

參加 Ragnar 女兒婚禮

回想與 Ragnar 交往中，他最開心的是，他唯一的掌上明珠結婚時，那晚他開懷、爽朗、純淨的大笑，聲猶在耳。我專程飛

往挪威卑爾根，帶給新人特別的祝福，讓他感動莫名。他特邀我在婚禮上致詞，並向所有貴賓感性地介紹我是他海外最知己的朋友。我們交往多年，還記得他的女兒婚前三年，Ragnar 第一次在家宴上介紹我和他的準女婿見面時，他很驕傲準女婿的少年老成，我衝口而出：「Young with an old head on shoulder, means he is mature & smart ！」引來眾人哄堂大笑。婚宴結束前，依挪威傳統習俗，搬上數層塔狀的蛋糕，上置一對新人的小塑像，新娘以絲巾蒙住新郎雙眼，再交付新郎塑製小刀，任其戳向塔狀蛋糕，蛋糕每層都註明數字，以表示未來子女人數，此次新郎戳中 2，表示會有兩個子女，眾人笑稱新娘應幫新郎戳向 10 才對，大夥笑成一團，蛋糕與快樂飛揚在每個人的笑臉上……。三個小時熱鬧溫馨的婚宴，在華爾滋音樂聲中，新人領著嘉賓翩翩起舞……。我看看手錶已是台北凌晨 4 點，與主人恭賀道別，坐上出租車，揚長而去，但兩眼已快睜不開了。

　　1999 年 Ragnar 與 Jo Tankers 第二代接班人有些意見隔閡因而離去了，我並不知道。事後經他同事告知並稱他現在開計程車。我即電他詢他何故作賤自己？他卻說開車自由，待遇還比上班好。我說你那麼多的經驗，太委屈了。過兩日，我直飛卑爾根（Bergen）說服他受我重金禮聘，2000 年 5 月初邀他賢伉儷一起來台工作，我在楊梅陽光山林有一棟別墅供他倆居住，也提供一部車子給他使用，直至 2002 年中回挪威。前後兩年，他倆事後跟

2003 年，Jo Tankers
全球業務總監 Ragnar
Tysland。

我再三道謝，並說這是他們一生中最愜意快樂的兩年。不幸的是，他們返鄉年餘後，Ragnar 竟因家族遺傳基因病變在卑爾根病逝，落葉歸根。讓我既惋惜更傷心，18 年的情誼是一生的懷念，謹祈禱我的好友 Ragnar 永遠安息（Rest in peace forever）！

●第十四篇 代理兩岸貨櫃船航線

瑞柯船務因應兩岸三通,於 1996 年除了石化油輪及散裝船外,也代理上海海華輪船公司的全集裝箱定期班輪川航於兩岸。那年我是台北貨代公會的理事長,正帶領公會同仁往訪上海貨代協會交流,經好友推薦與剛成立的海華輪船公司朱總經理見面,談談未來他們若想開航兩岸直航的初次交流,朱先生年約 50 上下,經驗豐富、談吐不俗、態度坦誠,是當時我所接觸過的中國人士中罕見有遠見、有魄力、有能力的高管人才,因行程很緊,我帶團正巧在上海博物館參觀,接到朱先生電話,他邊就我約了在博物館二樓迴廊咖啡座見面,他不但不以為忤,反而興致勃勃的與我深談。由於他對台灣不熟,當時兩岸屬於特殊航線,對於新航運公司加入航線申請不易,營運也困難,因為當時已經有多家兩岸的大型航商開了定期航線,且多數都沿途停靠多個港口以為集貨,再由港轉台,回程亦然,極為耗時也燒錢。他問我有何想法,我用桌上餐巾紙邊談邊寫下我的建議是因海華當時僅有兩艘較小噸位的舊船,故不宜跟隨其他公司的營運模式而需創新獨特,方能立足並具競爭,尤其海華有上海在地的優勢。我繼續向他解釋,兩岸台滬之間由於上海周邊台商加工廠匯聚,進出口貨源相對集中,當以擺渡式服務(shuttle service)最佳。以靠港少、航程短、船期準為號召及競爭才能突圍。更能依賴海華固定的船

期來降低廠商的庫存，一段時間台商將會依循海華的船期來配合工廠生產線。朱先生饒富經驗，聰明睿智，觸類旁通，當即就有了概念與決定。我友詢我如何？我據實以告，他輕描淡寫地說：「我只推薦，成敗自負。」我說：「當然，謝謝為我推薦。」

第二年，海華輪船公司就正式開航兩岸直行直靠的定期航線，並指定我司瑞柯船務代理公司為台灣的總代理，此後海華每年貨載量市占率在 13 到 14 家航商中，始終高居榜首。顯然台灣出口貨的貨主確實習慣了這種最能配合供應鏈特殊需求的服務。無疑這也是找到了我們的「支點」，也是四兩撥千斤的實例。

直到 2015 年中國國務院對深化國企改革整併有了政策，咸認同性質的產業在同一地區避免不必要的競爭與浪費，必須做策略性的整併（merger），於是，2018 年上港集團在併購了原屬上海市的錦江輪船公司後，並與海華輪船公司合併了仍以擺渡式的服務川航兩岸，統由瑞柯轉投資的瑞世船務代理股份有限公司繼續營運，迄今市占率仍然第一。

一個正確的概念與決策，就是一個對的「想法」，也長遠影響一個企業的營運，其間因應市場的變化，就必須要優化「方法」，才能永續經營。

我司開創初期的前三年，尚在摸索學習階段，所以戰戰兢兢、如履薄冰，深怕出錯，又怕學習不精，經常出國接觸、學習歐美先進國家業者的經驗，融合在地的條件，再分享予同儕，以截長

補短。很快我們就能融會貫通貨代（forwarding）與船代（shipping）在定義上的差異，及實質上的操作所帶來的互為表裡、相輔相成，且微妙親密的「競合關係」。我暗自竊喜正走入了這個寬廣無際、潛力無窮的事業（career）中，藉此避開了重資產沉重負擔的壓力及硬實力拚鬥的僵局，而恰恰輕資產及軟實力的事業正符合了我的個性與條件，進可攻，退可守，讓我直覺有了極大自主揮灑及發展的空間，國際貨代物流業、船代業及其周邊產業，正是國際貨物運輸整體的管理業。心中有了「知行合一」，真有如魚得水般的喜悅。

我們很快就進入了狀況，發展也相對順利。我一向是個憂患意識頗重者，業務逐漸擴充，員工也不斷增加，我開始擔心公司項目不多，萬一無法持續，又無更多選擇，我將何以面對跟著我打拚的員工及他們的家屬，於是我開始不斷地思考，如何未雨綢繆地增加不同的事業項目，以期分散風險。只要是機會又有值得信賴的人，基本上我都會考慮，雖然我施行中央集權統籌管理，忙得我團團轉，卻仍樂此不疲。

兩岸開放探親

1987 年，蔣經國先生宣布開放兩岸探親，結束了兩岸將近 40 年的隔絕，基於職業的本能，我直覺中國廣大的市場，必然會因

鄧小平 1978 年開始施行經濟的「對內改革，對外開放」政策而蓬勃發展。雖然對岸情況不明，我仍毅然決然由香港經中國遠洋分公司經理安排直飛北京。當時北京機場的大小，約莫台北松山機場規模。訂了北京大飯店，我在櫃台辦入住手續時，櫃台服務員頭都不抬地問：「你哪個單位的？」我沒搞懂只回：「台灣來的，沒有單位。」她仍不抬頭的說：「沒單位？不給住。」我懵了，接著說：「我訂了房的。」她仍低著頭沒好氣的說：「什麼名字，誰訂的？」我把台胞證遞給她，並說：「香港中遠公司經理訂的。」總算抬頭了，一句：「怎不早說？」隨之丟給我一個有號碼的鑰匙。我向她要台胞證，她說退房給。上樓進房處處有人監看……，當年的狀況很難如今的想像。後來去了天津和上海，也大同小異。每個城市都是灰濛濛的，路上極少四輪車，偶而會見著一輛軍車或灰土色的破舊公交車，整日蜂擁來去的都是腳踏車。有點像 1966 年高雄加工出口區上下班的情景，我卻有著截然不同既喜又憂的兩樣情，喜的是中國偌大市場即將逐步開放，憂的是尚不知待何時可與世界接軌。重要的是，它以 40 年不到的時間卻早已超英，而趕美，僅咫尺之遙。

回想國民政府自 1949 年遷台後，經過一系列政經改革，讓台灣氣象一新、生氣蓬勃，加上清廉有為的官員，很快就擺脫了 70 年日本長久殖民地的陰霾中，而中小企業欣欣向榮、年輕人希望無窮，當年我也才 23 歲，每天過得希望無窮、充實又快樂的日

子……。其實台灣手無寸鐵，毫無天然資源，經濟奇蹟的創造靠的是政府與民間同心的打造，這種成就與驕傲是從無中生有激發出來的。

1972 年 2 月美國總統尼克森第一次訪問中國，敲開了沉睡中國的大門，加上 1978 年鄧小平宣布「對內改革，對外開放」政策，我嗅到了當年台灣經濟奇蹟般的氣息，也再度燃起了我對中國未來發展的憧憬，傳統上，中國的發展與強大，是依賴領導人由上而下的帶領，君勤朝強，君怠朝亡，這是廣大中華民族自發性的傳承，也是順天應人，帝王之於我何有哉的大民族主義。

首次回中國的印象，相當陌生，六歲隨父親撤退來台，如今已 43 歲，也無少小離家老大回的感慨，只似曾相識，我想應該是五千年民族文化與統一文字的偉大結合與傳承。返台之後，我幾經深思琢磨，驚覺似乎將所有的精力、資源和時間用在不同且不相關的產業上，如同押寶，怕會因分散而得不償失。於是及時改弦易轍，力行專注，以貨代物流、船代的業務為核心，做上下相關產業的整合來奠基，同時兼顧左右，做區域性的擴充，以及異業的結合為拓展。原則既定，劍及履及，即刻著手出清手邊不直接相關的業務，如餐廳、房產、旅遊等，只保留尚有關聯的貿易與製造。

1988 年即在上海及天津設立了聯絡辦事處，當時港澳台及外人均不得設置貨代物流公司，為了業務的需要，只好持續在九年

時間內成立 16 個聯絡辦事處，越南也依中國模式設了三個點，香港、漢城（現今首爾）各一個點，加上台灣原有四個點，就有了 25 個據點的亞洲實體工作網（network），與全球 400 多家同業代理的數千個據點，透過聯盟（Alliance）的方式，成為國際貨代物流海陸空的服務網絡，作同步且無遠弗屆的整體國際貨物運送服務迄今。若非當年訪問中國引發我的動力，恐怕如今我將仍焦頭爛額在不同的領域中浮沉或深陷泥淖呢。

中國開放初始對貨代物流、船代的孔急，正如我說的「百業交通為先」的道理，但對執照與旗籍國籍文件認定立法仍多斟酌，尚未開放予外人，只允設辦事處做訊息聯絡，業務則必須掛靠在國企之下做實質的操作。其後在國際的壓力及兩岸三地及各方的協商下，才逐年開放貨代執照的申請。我總堅持不走短線及後門去取得執照。所以我們都設立聯絡處。正式登記公司遲至 1992 年才在上海盧灣區的雁蕩大廈 21 樓成立，當時它是上海唯一的涉外樓，之前我們租用靜安賓館兩個單位，作為聯絡處，除了租金貴之外，還有嚇死人的通訊費用，一張傳真不計字數，就是十美元，越洋電話按秒計。有了正式的公司登記就方便多了。記得有次我到上海視察，待在辦公室較晚，約至晚上 7、8 點，大部分員工都沒離開，我很感動他們的敬業，順口問了派來的台灣經理，他一臉尷尬地說：「老闆，不是的，他們是在輪流等熱水洗澡啦！」其實早先我在中國為業務奔走於二、三線城市的旅館，

常會停水、停電，已屬常態，只好抱著障礙越多、競爭越少，困難越多、利益越大的心態逆來順受，倒也不覺有任何傷感。對我而言，為了拓展新市場，這些都是理所當然的事，比起業務能順利推展、一切能穩定成長，其餘都是正常過程的枝微末節，不足道也。

1995 到 1998 年，我被選為台北市海運承攬及物流公會理事長，首次向政府申請，邀請了中國上海及南京貨代協會 40 多位代表來台參加兩岸產業交流研習會，記得當時的主客是中國遠洋（COSCO）的資深副總，我陪他進入會場，一進會場他就高舉雙拳、拱手作揖為禮，向在場的大夥兒打招呼稱：「對不起，讓大家久等了。」他讓 400 多位與會者改變了對中國官員的刻板印象，贏得大家的鼓掌歡迎，開啟了幾乎半個世紀封閉的隔離，他在演說中一再強調：「各位是我們遠洋（全球最多噸位的船公司）的衣食父母……。」更讓人耳目一新！當時中國剛開放，吸引了大批海歸人才，帶來了新思維與新態度，為國家發展而效力，讓人有改頭換面的感覺，很有當年台灣十大建設時的氛圍，令人激情又澎湃。果然中國從一窮二白到如今已是全球僅次於美國的第二大經濟體。這不啻是給我們也給了世界一個驚嘆及反省。

又是一位美商海陸公司的老同事 Tony 扯了我的爛汙。在我創業未久的某日意外來訪，只因他在對面大樓一家貿易公司小姐的辦公桌玻璃墊下，無意間看到了我的名片，而那位小姐曾是我在

世運的員工，如此巧遇卻帶給我一個驚天動地、匪夷所思，難以逃過的一劫。這位老同事年近半百、絕頂聰明、特別機靈，卻老走旁門左道，令人防不勝防。

聽說他剛離開 Sea-Land，就利用集裝箱的專業，以一般集裝箱替代冷凍集裝箱（reefer container），用來載運由美來台的新鮮蘋果水果等，由於冷凍箱運費高出一般的以倍計，他將鮮果用塑膠袋整個密封，然後注射氮氣（Nitrogen）使之「入眠」以為保鮮及停止生長，再裝入一般集裝箱，要求放在船艙水平線下，使之在航行途中保持低溫。當船抵基隆，再邀買主到貨櫃場，展售產品，用極低的市價出售，輕而易舉就將其他供應商殺個片甲不留，幾乎囊括了整個市場，不久他就賺得盆滿缽滿，而志得意滿、不可一世。曾巧遇過他一次，豪氣沖天地說他計畫買冷凍船組船隊請我負責營運，當時我知他信口開河。果然好景不長，不到年餘的光景，所有蘋果進了零售市場，出冷藏箱之後遇熱，很快地由內而爛到外，三天不到全數退貨，搞得整個市場腥風血雨、哀鴻遍野、求償無門、紛紛倒閉。他也就抱頭鼠竄逃到美國。之後聽說他返台與台灣涼椅大王合作，折騰了數年，不歡而散。

成立家具工廠

巧見並取我名片來訪。見其兩鬢泛白，滿面風霜，想來多半

是聰明反被聰明誤。言談中，他少提當年勇，卻向我提出合作計畫，稱不支薪僅支差旅費，年底利潤我六他四分紅，以表誠意，先以貿易方式在印尼加工高級的戶外海灘涼椅傘、酒店家具等，點子出自台灣涼椅的相關，顯然萬事齊備只欠東風，要求我支持。我見其兩鬢華髮，語意真實，不免善心念舊惻隱，心想只要我牢控財務，想興風作浪怕也莫可奈何，於是答應一試。他是聰明人，當知時機之不再。

與他合作，以他的經驗與聰明，我可以完全不必操心業務與操作，唯一顧忌的是所有財務相關一律不准他碰，凡事要我簽字方可放行，於是就在四樓，我的「起家厝」貿易部給了他一間辦公室，剛開始台北接訂單，印尼廠加工出口，台北押匯付錢。年餘有進有出尚稱順利，心想這下浪子應該回頭了。

未久，他又向我建議（propose）如此貿易型態小本經營，難有作為，如今訂單不愁，何妨自設小型加工廠於中國，成本更低、利潤更高、質量更好，大展鴻圖可期。其實我老早就對中國市場有期待，苦於人才難尋，尤其我貨代物流、船代已具規模，難以分身，再加他祖籍寧波，家中還有兄長是老師，願意屈就加入行列，經過一段時間籌備，我也曾親往視察，他深知我行事一向謹慎腳踏實地，他也就有模有樣遵辦，得我信任，於是瑞華家具廠在寧波成立。

當年二線城市雖然水電、工人不足是常事，所幸他兄長地緣

人際作用不小。木材原料來自東北長白山的「水曲柳」，上好硬木，花紋優美，非要有上層關係才可圈地購木，當時運貨的火車皮也求之不易，還在廠內造了一座木材乾燥房。

瑞華開工年餘，1994 年夏天某日，我請他返台述職，商討台北瑞其接單、寧波瑞華生產，信用狀（Ｌ／Ｃ）直接開來台北，待收到裝船文件，在台北押匯完，清楚結算年底按稅後淨利六四分紅，備料購料直接成本按訂單序號向台北申請，營運費用間接成本我付。會後，他下四樓理出新的 SOP，我約於晚上 6 點多，攜由美返台在公司實習的兩子，駕車回到楊梅陽光山林別墅，剛進門，才脫下外套，公司急切來電，氣急敗壞地喊著：「不得了，辦公室失火了！」兩子陪同，急如星火趕返公司現場，果然濃煙瀰漫，尚有火苗，公司尚有八名員工加班，所幸雲梯已逐一接下，個個面如灰土，趕緊安撫促請返家休息，我與兩子及相關人員在現場處理善後，並到對面民權派出所製做筆錄，直到救火車等撤離現場，並予封鎖，已近半夜，才拖著疲憊的身子回家，一夜難眠。

次晨大早趕赴現場，滿目瘡痍，所幸五樓以上，除了帷幕外牆燒損，餘稱完好。趕緊上九樓召集緊急會議，所有火災損失，我概括承受，並請家兄偕相關同仁由 12 樓至底樓，逐戶深深致歉並表示負責。所幸平日相處得宜，均予諒解，也表同情，事非得已，反而安慰，深感窩心。緊急召回之前原有房屋仲介時的團

隊十數人放下手邊工作，即刻趕來現場，拜託大家三天內趕工修繕，清理完工，俾各公司得以盡早恢復正常，指揮若定、動作迅捷，條理清晰，感動了大家。所以無一戶提出公共危險罪之訴，真是不幸中之萬幸。經火災鑑定小組認定，火災由四樓發出，而發火點正是 Tony 的辦公室，他菸癮重亂投煙蒂於字紙簍中引發火災。真是可惡至極！

過後不久，Tony 未經我同意逕往香港、深圳找模特兒拍目錄，我心中明白，他誇張不實的本性又犯了。邀請模特兒相關費用我一概不認，也特別請財務副總注意。但我心中對 Tony 已起了嚴重的懷疑。未久我有公務往上海視察，抵滬次日，我未予通知，即請公司貨代部總經理備車陪我赴寧波工廠視察，他問：「要不要通知 Tony？」我說：「不必。」車行約三小時，剛抵工廠大門，正巧 Tony 陪著兩位西裝革履的先生從廠內走出來，碰個正著，我心生懷疑窮鄉僻壤，會是什麼大人物趕早前來。Tony 看到我有點驚慌，向兩位先生介紹說：「這是我們董事長。」打個招呼換個名片，Tony 說：「老闆你先進去坐坐，我送他們上車。」我將名片看了看，原來兩位是「上海輕工業進出口貿易公司」的總經理及副總經理。早年中國在計畫經濟時期，任何進出口業務都必須經過該公司的事前審核、押貸及事後押匯等等。一如早年台灣的中央信託局（Central Trust of China）的功能。讓我不得不起疑其中必有問題，送走兩位來訪，Tony 回到廠內兩眼閃爍問我：「老

闆到工廠怎沒事先通知？我好安排。」我說：「沒事，過來隨便看看，剛剛那兩位上海進出口的頭頭，有事嗎？」他應：「沒什麼，一般例行拜訪。」我隨便看看就說：「我還有事，要走了。」於是我一路無言，直奔上海，並要總經理即訂明早第一班飛機返台。路上我大約理出個可能的頭緒，並即電話予台北總公司財務副總，要他即刻準備工廠的財會資料，我明一早要看。

　　果不其然，事如我料，Tony 在財會副總處下了藥，他倆均寧波人，私下溝通多用共通的吳儂軟語，加上平日施予小惠，逐漸淡忘了我的嚴格要求與限制，Tony 稱要求將信用狀直接轉到工廠，以利押匯的時間，並減少手續費云云，這種似是而非的要求，再加上溫情的攻勢，早超出財會副總的意識，更忘了凡事更改請示我的規定，自作了主張。次日返台下機直奔辦公室，果然是亂帳一堆，信用狀早已陸續轉往工廠，同時溢請墊款及代付款……。嚇出我一身冷汗，尚不知 Tony 是否將工廠押予上海進出口公司借貸？而財務副總尚一臉無辜。我二話不說，當即提筆發電報給上海進出口公司的兩位老總稱：「寧波瑞華工廠自即日起與本人毫無瓜葛，所有權利義務概由勵家兄弟負全責等等。」所幸當時我的名片中沒有印瑞華公司的頭銜。副本並抄送 Tony 勵家兄弟，想來也因我早有戒心，也或因 Tony 有私心，一切接頭聯繫均由他兄弟倆囊括。此後一刀兩斷，雖然損失了些許投資，但避免了難以預估更嚴重的後果，真是叨天之幸啊。當年在中國如果是經

濟罪犯，輕者蹲大牢重者判重刑的。

　　數年後，Tony 還曾託人帶話想再求見於我，我當下嚴拒深知還是遠離小人以求自保為宜。

銜父命返家鄉

　　首次銜父命返回從未謀面的家鄉，是 1990 年 6 月，回到無一相識的家人與家鄉。雖然 1987 年兩岸就開放探親，但家父是黃埔三期畢業生，參加過東征、北伐、抗戰、內戰……，所以終身忌諱返老家，期間僅與家鄉指腹為妻的元配大媽在港匆匆見過一面。對於仍在家鄉的親人、子侄始終難忘。記得那次，兄弟中的老五陪我由香港飛梅縣機場。老五在東莞出任外商的老總多年，熟門熟路且已返老家多次，當飛機抵梅縣機場出關在大廳，隔著玻璃看到外面人頭攢動，手上拿著我的照片指指點點，老五說那都是從家鄉遠道特別來接機的親戚，突然之間我眼眶含淚，那一張張期待又熱誠，雖然陌生卻又似曾相識的面孔隔著玻璃撲面而來點頭致意。有家不曾返，人不親鄉土情啊！從梅縣機場到蕉嶺縣城車程約兩個鐘頭，親人們頭頂著黑五類的帽子雖平反卻未曾受過應有的教育，仍窮困潦倒。車行至家鄉馬路田邊，必須下車，再步行約十幾分鐘田埂小路，沒有路燈，黑壓壓一片，才抵久聞未見的「遠樓」家門，一點也不覺苦也不覺累，恍如台灣 50 年

代中壢鄉下老家的實況。

　　抵家門，大媽及兄姊親戚們在大門口迎接，都有點生疏，老家是一棟三層樓的老建築，建於抗戰勝利前後，稱為「遠樓」，以家父字「遠程」而名。國民黨退居台灣後，樓房就讓予其他數家他人居住，家人都因父親的背景而被掃地出門。直到平反後設法花錢才贖回。

　　次日，我以父親之名邀請鄉親們來家中作客，並代表父親說話致意，半個多世紀的無奈隔離，無論什麼原因都是家族的撕裂、民族的悲哀。替父親按族人親疏致贈見面禮，記得大約有 200 多人。那天早上天氣陰涼，起床我就蹲在廳堂外的水溝旁邊漱口洗臉，不覺想起小學時在中壢一般的情景。「遠樓」年久失修，我要求重建，同時將家鄉蕉嶺縣三圳鎮唯一的人民廣場也加以修建，並易名為「涂寬將軍紀念廣場」，數年後，人民政府改換鎮長認為不妥，又於 2009 年 1 月 20 日逕自改回原名，僅立家父紀念碑於廣場邊，敘述生平以為紀念。

　　我先後返鄉三次，雖無法改變太多親人生活的素質但透過五弟的安排姪甥等到珠海、深圳等地工作，改善了他們的生活，以嘉惠後代。那原本活生生、血淋淋的血脈卻被無情的戰火隔離，不知尚需多久的歲月才能填補回復啊！

　　我祖籍是廣東省蕉嶺市三圳鎮，涂氏族譜可追溯至西元前 2205 年中華民族的夏禹朝代，迄今共 4226 年，後因五胡亂華，

2004 年遠樓重建前。

2004 年遠樓重建後。

由中原南遷至江西而廣東，國共內戰家父隨軍帶我們撤退來台，迄今逾 70 年。

1990 年因國內外業務需要，我已開始由廣州、大連、上海、青島、天津（當年稱廣大上青天）等中國遠洋的主要五大口岸設立聯絡辦事處，而後隨著中國生產市場的推進再延伸至內陸各地，2019 年在溫州也設了跨境電商保稅倉儲。基本上，國際商業擴張的方向，不外乎要跟隨政策，也要顧及潮流。

兩岸海運研討會

早年因兩岸分離造成隔閡及誤解，所以舉辦許多研討會、說明會與溝通會……，意在相互溝通及瞭解，以回復兩岸互諒互信。我參加過許多次，其中兩岸四地，含上海、台北、香港、澳門等海上貨物運輸研討會，對本業的正常發展至為重要。

在中國逐年改革開放中，對外接觸多了，也暴露了過去封閉中國確實與先進國家間有著極大的隔閡，非要從制度、教育、法律、技術等全面性改革不可；當中國「知己之短，不掩人之長」，敢於真正面對自己、徹底改革，確實執行，故從 1978 年到 2019 年的 40 年間，中國終於迎來了實實在在的崛起，讓世人驚嘆，也讓列強害怕。這不僅是現代勵精圖治的精神毅力，更是方方面面硬實力的呈現，也是中華民族數千年文化及文明的傳承與感

1997 年兩岸貨代物流上海研討會。

召。

　　我參加過無數次的政商交流，深感中國民眾普遍渴望學習的態度越來越強，再加上大方向不變的五年計畫調整規劃一次，每次為期五年，持續如今已是第十四個五年規劃，著重國民經濟推動與社會發展調適，落實了鄧小平「對內改革，對外開放」的政策，並堅持共產主義的效率，發展資本主義的經濟以及追求未來社會主義的均富，在在都以民為本，完全符合中華民族數千年儒道思想所云「大道之行也天下為公」，放諸四海皆準的大同世界。

●第十五篇 業務糾結 投其所好

　　創業之初，為了拓展業務，我曾發了許多郵電、信函給全球知名的貨代物流公司，介紹自己，也爭取合作的機會。其中荷蘭的艾波士國際運輸公司（Appels International BV）是第一個回應的，創辦人 Mr. Chris Appels 對既有的台灣代理很不滿意，正巧他人在台北處理此事，收到他荷蘭公司轉來的信，很快與我約妥來訪，面談順利一拍即合，當時我公司僅有不及十名同事。他告訴我，與原代理是一家德國在台的分公司有些矛盾，面談後覺得我們之間可以相輔相成。1984 年底，我 40 歲，他 50 歲，就在我的

1986 年，作者（左二）與荷蘭 Appels 拜訪我駐荷蘭商務代辦處王主任代表等。

小辦公室簽下合作意向書，此一合作意願，到他的公司轉賣給美國的潘世奇物流 Penske Logistics 仍持續，直至 Chris 因阿茲海默症在荷蘭家鄉沃偉克（Waalwijk）去世為止，前後 25 年餘，我們公交私誼甚篤，他子 Walter 與我亦佳。

初期夥伴 荷蘭 Appels International

荷蘭艾波士運輸公司（Appels International B.V）是在荷蘭中南部一家中型的拖車倉儲公司，配合貨代物流服務，生意遍及全歐。雖然當時我司初創規模小，但潛力無窮。最終我們也證明了實力，並在他們被 Penske 併購後仍持續維持與新的業主合作，直到新的業主再被奇異公司（GE Capital）併購，才因後者自有全球的組織系統而結束。可見之間的合作非常融洽也務實。

荷蘭是歐洲南來北往貿易的輻輳中心，其中有家大型成衣貿易商，當時每個月有近千個 20 呎櫃量的成衣由台灣出口至歐洲。而艾波士運輸公司總裁 Chris 非常渴望能爭取到部分的生意，可惜該公司貨運部的負責人 Robert 是位很難纏的人，也不易接近，又只完全與兩家極大型的德國貨代運輸公司緊密往來。讓 Chris 及其團隊總是吃閉門羹，不得其門而入，很是懊惱。只有老實與我說，並求之於我，請我盡早去荷蘭時專程往訪 Robert，我並不知究裡，當然答應一試。

在去荷蘭見 Robert 之前，我總得要瞭解一下他的背景與個性，方知如何進行。經刻意與該公司台北分公司的員工接近打探之後，得知他非常嚴謹，但貪小便宜，且喜好攝影。於是心裡有數，趁飛阿姆斯特丹轉機香港時，刻意在機場免稅商店尋得一只小巧新上市多功能及高畫素、略貴的相機隨行。抵 Schiphol 機場，有人接機，隨即趕往酒店。Chris 與總經理 Ben 已在酒店候我，並稱幾近哀求下得到 Robert 的首肯，必須即刻趕往 Robert 辦公處，而且只給我們 20 分鐘的時間，不言而喻，就看我了。

　　於是我們直撲 Robert 的辦公室，Robert 連正眼都不看兩位，只與我輕握了手表示歡迎，就直指會議室，我手中拎著小相機（包裝已拿掉現出原形），跟著兩位魚貫進入會議室，我自然地把相機與公事包放在桌上，大夥坐下相互客套寒暄並簡單介紹了我，Robert 還特別調侃兩位夥伴說：「你們還不死心啊？我們不會跟你們做生意的啦。」然後轉頭看著我說：「你就是台灣來的涂先生哦！」我們相互幸會一番，也換了名片，Robert 坐在我對面，我注意到 Robert 一面與我對話一面盯著我的小相機看，當 Chris 起身藉口去洗手間的時候，我們暫時停止了談生意，Robert 問我：「那是新相機嗎？借我看看。」我說：「哦！當然。」就把小相機推到他前面。他很仔細的把玩也不問我，其實問我也白問，一看就知他是個老玩家。未等 Chris 返回，我就說：「這是剛上市的新相機，在香港機場買的。」他說：「沒見過呢！」並開始壓

按攝影的開關，我看時機挺好的，馬上說：「如果你喜歡，就送給你。」他毫不客氣說：「真的？」就放在他面前。我說：「Sure 當然。」等 Chris 回來，我們已經開始正經地談台灣生意要如何去安排了，並交代兩位我的夥伴，運價要能競爭，兩位唯唯諾諾稱請放心。談了個把鐘頭大致已經定案。

離開 Robert 辦公處，Chris 和總經理 Ben 笑得嘴都合不攏，非常興奮，因為他們經年嘗試，並等待這個機會多年，Robert 總是挑剔、不屑他們的服務及價格，總是拒他們於千里之外。他倆眼見我不留痕跡地投其所好，就突破了他的防線，完成了他們的夙願。第二天台北就來電稱下星期開始，總公司指示台北分公司將貨量的三分之一撥給我司承運。連續十餘年未曾間斷，Robert 信守承諾直到該公司生意因台灣成本過高而轉往他地製造才停止。

一年後再訪 Robert，他當著我的面告訴 Chris 和 Ben 說：「如果 Mr. Tu 沒來，你們就不必來煩我，只要跟我手下聯繫即可。」讓我有點尷尬。他還說：「Raymond，下次到荷蘭來通知我，我幫你訂最好的酒店，包你滿意。」果真我還真的拜託過他兩到三次，他還真不是客套也招待得熱情周到，Robert 算是信守諾言的人。艾波士公司上下都知道，也都諒解，終究都是為了生意。

其實糾結的生意有時難免需要潤滑，才能把頹勢轉為優勢，但也不能讓對方感覺勉強及壓力，順水推舟恰到好處，正是人情世故表現得適當，也都盡不在言中，其實 Robert 並不過分，只是

感覺良好投緣罷了也知我用心。而 Chris 這般在意這門生意，還有一層更重要的因素是同時能增加他拖車、倉儲、報關、後段運送等周邊更大的利益。

出奇招博得喝采

當年為慶賀 Chris 60 大壽並獲荷蘭女王授勳，表彰他在產業與經濟上的傑出貢獻，因 Chris 也是一家頗負盛名的航空貨運公司及保險公司的合夥創辦人。同時藉此艾波士公司也在 Waalwijk 市政廳召開為期三天的全球貨代代理人大會。這個大會共有約 50 幾個國家、百多位代表與會，盛況空前，依據事前發布的議程，首日，參加代表必須各自準備資料，並推派一位代表做簡介（presentation），主題是地區間海運運量不平衡的狀態，時間 20 分鐘。接到通知，我興奮莫名，因為我們是新公司，能有這個難得的公關（public relations）機會在國際場合介紹台灣及我司，包含台灣、香港、中國、越南、韓國等分公司給與會代表瞭解，這當然要好好把握。我用了很多過去的經驗與精神去準備精簡的資料及上百張幻燈片（slideshow），當年沒有 PPT。

當天市政大廳擠滿了人，授勳儀式結束後，議程正式開始，桌上擺著各公司的標誌立牌，並按地區英文字母順序上台做簡介，沒有幾位講滿十分鐘，甚至有人輪到卻放棄，不可思議，

因為 Taiwan 排在後面，我還愁時間不夠呢！ 見此景，我趕緊找主持人 Ben，見他似乎正發愁怕要開天窗了，我問他：「我可以多用點時間嗎？」他拉著我的手說：「你可以用多少時間？」我說：「越多越好。」他才釋懷笑了說：「悉聽尊便（As you wish.）。」

各國代表依國家名稱，按字母（alphabet）循序做介紹。我相當重視這次會議。參加者多是老闆或總經理，難免會互別苗頭，所以我戰戰兢兢的，切不可丟人，更希望可以藉此好機會加深與會各國代表對我司的良好印象與認識。美國的英文字母是 A，總是到處先聲奪人，我老覺得優越感讓美國人多少有些油腔滑調，接下來是 B、C、D⋯⋯，開頭的陸續報告。我才明白主持人的憂慮不是沒道理，多半國家代表的簡報三到五分鐘就結束了，非常可惜。利用中場休息時間，我再去與主持人 Ben 確認，我的幻燈片可以幫他解決問題，也建議他把我排在最後一個上台報告，主持人非常同意我的建議，且於第二段會議開始即宣布：「Mr. Tu 將做最後也是最精彩的包含五個國家與地區，他都有公司的介紹，請大家千萬不要打瞌睡錯失良機。」引得大家哄堂大笑。

當輪到 J 字時日本代表有三位上台，果然日本代表是認真的，也準備了許多資料，那是一家百年以上頗具規模的運輸公司的取締役及兩位部長上台，向大會報告引經據典非常詳細，其中「⋯⋯世界經濟差異性大，也難免造成不對稱的貨運運量的影響，舉例

日本製造精密工業產品輸出，出口金額很高，但是運量就小了；而日本由鄰近國家進口商品數量很大，進口金額卻很低，造成運輸上的非常不平衡。比方說我們鄰近的台灣是次工業國（sub-industrial country），日本出口精密科技產品給台灣，但是卻從台灣進口大量的農產品，尤其是低廉的香蕉，一個貨櫃的精密儀器產品，恐怕能換 30 個貨櫃的香蕉，因此與台灣在運量上會有高度不平衡的狀態……。」這對我這個民族意識特強的人聽到台灣是次工業國（sub-industrial country）時的輕蔑，我的反日情緒就高漲到讓我坐立不安，怒火中燒，心中醞釀著要如何反擊，但要不失氣度地把面子給拿回來。

　　雖然憋了一肚子怒氣，等了許久，但也不能失格。終於輪到我上台了（Taiwan），此時聽眾早累得昏昏欲睡，我帶著我司的立牌上台，重重地把立牌「啪！」的一聲往講台上一擺，台下眾人都嚇一跳，也都醒了望著我，我指著 Taiwan 問大家：「你們知道這是哪裡嗎？」多半人一臉疑惑。於是我就打開幻燈片說，請注意並記住這就是有名的 Formosa 亞洲四小龍之首台灣，大家紛紛點頭表示瞭解，也開始注意我的說明及介紹，尤其我曾經是 Sea-Land 及 Mearsk Line 的經理，也介紹台灣的經濟奇蹟以及亞洲四小龍之首的由來，大家聽得津津有味又興趣盎然時，突然我把話鋒一轉，我說：「剛剛日本朋友介紹台灣是次工業國（sub-industry country）也許是，但我聽了非常不高興。」大家不約而

同轉頭去看日本三位代表，接著我又說：「我們確實進口日本的機器與儀器，也確實出口香蕉給日本，比方說去年台灣香蕉生產過剩（over production）價格很便宜，於是我們將一半的香蕉產量賣給日本人去享用，而另一半……。」我停在那兒半响，大夥等我……緊接著我大聲的說：「……拿去餵豬了。」霎時，全場連主席都哄堂大笑。而我不急不徐、煞無介事，繼續正經八百做完我豐富的資料介紹，足足用了 45 分鐘，偶而眼神掃過日本朋友，他們有點窘，一動不動地坐在那兒。

我結束時掌聲雷動，竟有幾位跑到檯前搶著要我的立牌。與會者沒有人不知道我來自台灣而豎起大拇指，反而遇到日本朋友都揶揄笑稱他們是「香蕉先生 Mr. Banana」。不過日本朋友碰到我就老遠哈著腰不停的說：「請指教（douzo yoroshiku）。」我也回敬以禮。其實日本人也有許多長處，知道搞不過你就反而更尊重你，此後幾年我們合作得很愉快，直到他們公司也被併購易名為止。

美商併購荷商

我司在洛杉磯設有分公司，為的是生意易於掌控，透過其他代理有些不便，也加重現金週轉信用的風險，所以一年中我總有兩至三次較長時間的停留，順便拓展業務，也建立了許多與美國

那日風和日麗，兩位副總一早與我搭乘首班機由台北飛東京，下機有專車等候，直駛賽車場約兩個鐘頭，車上為我說明大老闆 Roger Penske 此趟來遠東有三個要務，分別是：與亞洲重要的代理（我）見面、為鼓勵他手下 DJR 車隊出賽，以及參加在中國吉林長春市 Hino 的董事會。Roger 從事與車子及其周邊的物流相關龐大的美國 500 大企業帝國，我首次光臨賽車場，非常新鮮刺激，只見旌旗飛揚、戰鼓震天、引擎怒吼、人聲沸騰，讓人血脈賁張。他們邊引著我走向看台邊的大草坪，邊跟我解釋 Penske 目前跟我司合作年餘非常滿意，尤其是協助他們在全球營運中學到國際貨代物流的操作，並說過去 Penske 經營國內市場都已經飽和滿足了，但這年餘來透過你才讓我們明白世界貨代物流業之大，尤其你們給了我們概念的指引，所以 Mr. Penske 特別邀你來此，當面向你致謝。正說著突然空中一架噴射直升機就落在我們前方 30 米處，一頭白髮、風度翩翩的 Mr. Penske 下機畢直走過來緊握我手點頭並說：「謝謝你 Mr. Tu 及你的團隊給我們的幫助與合作。」拉著我的手並走向正前方他的賽車補給站（pit stop）後方，並見一排人列隊等著他，他與他們一一握手並介紹他的隊友予我，然後轉身說：「請容我就此告辭，我必須趕赴長春開 Hino 的董事會，我的兩位同仁會好好陪你享受賽車，並期待下次在 Reading Penn. 總公司見。」隨即揮手登上豪華的噴射直升機破空而去。事後才想起他好像連日本海關都免了，直進直出。前往觀

賞台時，兩位 VP 很興奮地問我：「Roger 跟你介紹的第一位隊友是誰你知道嗎？」我說：「不知道，只記得黑黑瘦瘦的，名字很長，不記得了。」他們迫不及待地說：「那是 Roger 手上寶貝，多次世界方程式賽車總冠軍，粉絲們（fans）跟他握手，三天都會捨不得洗手呢。」

我們被安置在正中央上方看台的頂層，裡面真是冠冕堂皇、燈紅酒綠，極盡奢華，現場冠蓋雲集、千嬌百媚，餐食名酒甜點等應有盡有，日本五大商社、五大汽車廠以及數十名有頭有臉的老闆，都在那裡享受歡樂，偶而電視機傳來呼叫聲，就表示他所屬的跑車超前了，我們坐在前面的位置，兩位 VP 不停替我斟酒、遞點心，吵得很，也說不上話。自覺好似沐猴而冠，不屬於此。兩位 VP 似乎也芒刺在背，很不自在，我們吃了喝了，在轟隆跑車呼嘯聲中離開。Penske 的老闆見過了、五連霸賽車冠軍的手握了，頂級賽車及招待也經歷過了，不虛此行！

很巧，兩年後 Penske 就併購了荷蘭的 Appels International，仍與我合作，還計畫進軍中國市場的實體合作。當時我相當專注於此，也時常陪著他們高層拜訪中國政府高層及客戶，雙方互動極佳，有天，一位相當高階的主管私下偷偷問我說：「你到底願不願意跟 Penske 在中國合作？」我說：「什麼樣的合作這麼神秘？」他說：「上回提過攸關中國物流實體的合作。」經他解釋我才明白，原來 Penske 的客戶都是超大型企業及汽車廠，都紛紛進入了

中國，急需 Penske 的全程服務，故希望他們盡快設置。我司與 Penske 配合得很順利，因此私下詢問我的意願，當他提出初步現金各投入一億美金的時後，我只能說我極有意願，只是囊中羞澀，也只好再度退避三舍。理想超越現實也只有低頭。目前我知道他們在中國做得火紅。其實當時雙方若有合作契約，相信任何銀行都會搶著貸款給我，當時我心中只想著甚麼人玩甚麼鳥，好高騖遠，做出承擔不起的那份壓力和風險，即使有那個運氣卻不一定頂得住風險。近兩年，中美貿易戰打得激烈，雖是政治角力卻誰也逃不過。福耶？禍耶？都難說，心安理得最重要！

●第十六篇 積極發展中國市場

1987 年，我趁兩岸開放民間允許互訪的契機，首次深入造訪了中國，返台後經三思也確定了未來中國市場將潛力無窮，決心要發展中國市場，為尊重班特代表瑞典 ASG AB 的法定代表身分，特地赴港與他深度溝通，爭取他的同意及支持。不幸的是，我們之間為這個議題產生了第一次極大的鴻溝分歧，在毫無理由之下他完全否定了我的認定，中國未來市場的可能性。最終在我堅持非要發展中國市場的決心下，他才心不甘情不願地提出我必須花自己的錢、自負盈虧，且不得牽連 ASG AB 的損益，我都同意。但經過兩年的發展等我們做到相當好的程度時，他反悔也耍賴，一直向總公司強調這些成果是他的功勞，令人為之氣結……，更令人匪夷所思，不知何時，他竟聘請了一個台灣極富盛名的律師事務所，偷偷摸摸將他由法定代理人變更為我司的正式股東（share holder），卻沒有知會我，我相當懷疑這就是所謂的偽造文書。而 ASG AB 允許他如此的作為，必然也有難以告人的內幕與交易。從此我們之間的衝突愈形嚴重。

當時我除了仍持有 49% ASG-Realco 股權之外，也擁有 100% 船務代理及其他的公司的股權。然而，班特仍持續覬覦我其他公司的利益，曾經多次提出他希望全數參股，讓我也能教導並促使其它 ASG 在亞洲各地如香港、日本、泰國、新加坡等公司，

雷同我司一般的多功能、多地域發展的集團模式，若非他諸多不實及貪婪的行為，在原本與 ASG AB 總公司坦誠友善的合作基礎上，是有可能成就集團最大利益的結合。可惜此時我對班特早有戒心，也已心存芥蒂，只好虛與委蛇，但也絕不退半步，否則後果以他的作為真的難以想像會對我們造成什麼樣的傷害。這段時間香港剛好搭上中國經濟開放政策的便車，讓班特在香港忙碌異常，宏圖大展、生意火紅，也亟需我司在中國各站的配合，讓他得香港地利之便賺得翻了天，暫緩了他對我的若干非分要求。但我知道他不會輕易放過持續把持我司的野心，我要謹慎以對。同一時間他與在地中國人合資設立了 ASG China 以為制衡，我心裡明亮卻不浪費口舌與其爭辯。

班特原以一個 ASG AB 的聘雇人員，外派至香港任總經理，在 1999 年之前卻已一手遮天，完全取得了亞洲各分公司的股權，也同時購入 ASG AB 國營整個集團約 2.7% 股權，成為個人最高持股的股東。這其中的奧秘不足為外人道，但我知他的手段，因跨國牽涉關聯太廣，就不擬多言了。

記得我於 1985 年中經 Martin 的建議去香港見班特與秘書（Cammy），當時他兩人在德商信可香港（Schenker HK）分租兩張桌子辦公。他如何在 14 年間取得令人難以置信的成就及財富，耐人尋味。2017 年他因肺腺癌逝世於瑞典斯德哥爾摩，得年 67 歲，除了遺留大量的遺產予家人外，並慨捐約美金 2.2 億予諾貝

爾基金會，作為研究肺腺癌之用，所以那年諾貝爾頒獎典禮中班特被特別邀請為嘉賓，他視為畢生的殊榮。斯人已逝，精神可佩，然疑團未白，始終遺憾。

迥然不同的工作夥伴

Martin 是瑞典人，非常希望來台工作，來台後始終受命於總公司，與我之間做業務策略的配合，但他與班特間自始就有基本上的矛盾，Martin 個性非常開朗，班特就非常陰沉了。Martin 剛來台就職時，就被同仁以歡迎之名設計去吃了狗肉與蛇肉，一點都不以為忤，還當成趣事。而班特總是陰森神秘，難以捉摸。諸多原因促使 Martin 不得不為自己著想，熬到 1989 年底，與我談妥另起爐灶，無可厚非。最後他選擇與另一位我們共識的瑞典同鄉 Roger 合作，在台灣做醫療用品與器材出口，我資助了他初始的創業資金感謝他給我的協助，最初三年非常辛苦，資金幾乎用罄，又慘澹經營經過 20 多年的努力奮鬥，如今該公司在台灣擁有 3000 多名員工的製造商。Martin 聰明，在 60 歲時提早退休，並在泰國普吉島（Phuket Island）落籍生根做寓公，生活非常愜意滿足，令人欽羨。

自創業開始，兩位與我最接近的工作夥伴（working partner）卻有迥然不同的經歷與結果，讓我心有戚戚焉。人生的旅途都要

用真誠去經歷，無愧無憾，安然度過，才不枉此生。

　　當時同意 ASG AB 投資我司，主要也是瑞典國營企業，在世界各主要市場都有分公司及投資的公司，這對我司開始的發展肯定都有必然的助力。尤其是雙方結帳，我更無庸擔心。初始 ASG AB 集團於 1987 年投資我司 8%，次年增加至 15%，1989 年再度以瑞典國營企業長期投資（permanent investment）於個人公司必須超過一半規定為由，增加至 51%，並將公司更名為 ASG-Realco（瑞可）。經三年實質的合作，增加投資就是對我司的信賴，帶給我們的是自信大於欣喜、鼓勵大於實質，當然投資超過 51% 時，我就有點忌憚與警惕了，尤其是香港總經理班特對公司事務增加諸多的干涉與意見，特別是對中國發展的阻撓。其中尤因當年 Martin 直接指定我司為台灣代理，未與班特打招呼有關，這點顯然 ASG AB 總公司並未做明確態度表達有極大關連。Martin 來台工作之後，業務也依慣例直屬總公司，這始終讓班特耿耿於懷，又不便明說，卻藉機時時作梗處處為難，這種小人作風，貽害無窮。而 ASG AB 總公司一開始投資我司時，並未指定 Martin 為法定代表人（legal representative），反而指定香港的班特，這恐怕也是國營大企業慣有的人事傾軋吧。這直接促使 Martin 在那年年底離開了公司，我全力資助他創業，卻也因此埋下班特與我長達 25 年的競合與鬥爭關係，最終不得不在他的野心及自私作祟下黯然分手。

●第十七篇 創業就是不眠不休

　　我服務於美商海陸公司時，有天與家妹閒聊，我對她說：「40歲前替別人提公事包，40歲以後我要為自己提公事包。」她瞪著大眼不解地說：「你目前領那麼高薪，多少人羨慕，還有什麼好創業啊！」我只簡單回她：「這是我人生的目標，與高薪無關。」轉眼已是 50 年前的事了，她仍牢記，而我自創業迄今也有 38 年了。

　　據家父稱，五胡亂華，涂家南遷廣東蕉嶺已逾千年，顧名思義，該地以出產香蕉為主，是地瘠民窮的偏鄉丘陵，列祖列宗歷代均為蕉農，最多曾經為私塾。家父少小離家，進入黃埔軍校，才得以改變命運。當我創業三年時，家父有天刻意到公司來看我，當時員工約 40 到 50 人，他有些憂心並告訴我，涂家既無錢也無人給你生意上任何的協助，老人家希望我穩紮穩打、步步為營，處處要謹慎行事，尤其做人要懂外圓內方、減少阻力，增加助力。父親一生軍旅，雖不諳商業卻明事理，教我為人處事的道理，讓我一生受用不盡，縱使沒有祖上餘蔭，卻也為我的白手起家鋪墊了深厚的道理。我明白父親的憂慮，我兩眼直視父親很堅定地說：「父親，我絕對會謹慎經營的，請您放心。」這是我這一生對父親最莊嚴的承諾。

　　公司於 1984 年 4 月開始營運，僅有四人，三個月即增加一倍，

讓原有的辦公空間著實狹窄，年底已至 35 人。某日一位熟稔的記者朋友來訪，以他跑新聞的敏感度，對我說他深信我將擴張迅速，必須未雨綢繆，盡早覓得一個足夠的空間以利營運。恰巧同棟大樓九樓原公司擴大他遷，我毫不猶豫，即刻租下整層，果不其然，公司各項業務蒸蒸日上，很快的，員工就把九樓都塞滿了，還好我仍保留了原來四樓的工作空間，依然游刃有餘，持續擴張。

兄長同窗老驥伏櫪

家兄 Philip 原從海軍中校屆役退伍，先加入美商來福公司，後加入瑞商維昌公司，都是為軍方服務的工作。我建議既然離開了軍旅，何妨就悉數轉入民間，故邀他加入我司為副董事長，專責公司內部組織架構與行政人員。另一位高中同班同學 Richard，原任職美商奧的斯電梯公司（Otis）任財務長因理念不同而離開，也延攬加入，為財務副總。有兩大支柱，方開始接觸學習瞭解國際貨代、物流及船代的運輸專業，並讓我在公司初創期得以無後顧地全力衝刺、拓展業務及規劃未來。期間儘有人事更迭，但員工相對穩定，包括國內外員工平均年資約在 20 年上下，員工人數也維持在 200 到 300 人之間。家兄與財務副總，不離不棄，持續為公司服務逾 37 年，起了相當大的內部穩定作用，兩人如今都年近 80 了，雖老驥伏櫪，志在千里，仍任顧問，讓我銘感五內。

縱然有人深以為世界變化何其快速，過去也無專業背景，顯然助力不大或許延誤發展的腳步，我也確實有此顧慮及感受，但我更在意人性的念舊、感恩、感動與感謝，是無可替代的善良。只要他們不覺委屈也不覺傷神，影響健康就好，承擔本就是我的天職。

創業之前，我有近 20 年在國際貨物運輸及國際貿易歷練，讓我學到了經商三個重要：一、為人處事均衡的重要；二、舊識新知並蓄的重要；三、務實創新俱進的重要。我個人更確信擇善固執、與人為善和持續學習，是任何企業家無論大小應有的堅持。

初始沒有電腦，國際聯繫依賴國際電話及電報，為了效率，我率先將電報機（telex machine）置於我座位旁，只要我在台灣每當聽到電報機響，我即刻挪位機前等待來電予以即收即覆，所以對所有業務我都概括熟悉，也求好心切鮮少假手他人，三言兩語切中要害，電報多不具名，因此代理與客戶間多讚揚我司工作效率極高，佳評不脛而走，所以溝通多麼重要。因全球東西方都有時差，故我常工作自清晨迄深夜方休，也形成公司身教的模式。

為了開展業務，我經常繞著地球跑，馬不停蹄、席不暇暖。有時去北歐，要轉機兩趟，含候機總接近 20 幾小時，多半是無邦交國，辦理簽證很是困難，機票也昂貴，為了省錢，只好出國一趟持續兩個多月才返台落地。期間也搭火車、巴士與河輪。尤其是中南美洲國家更是繁雜，轉機費時不算，語言也有障礙，再加上當地水平較低，幣值不穩，相對成本就墊高了許多，很不划

管理（shipping management）等公司及客戶。而每次和代理或客戶見面商談的後記，總在睡前把當天相關資訊匯傳台北，並要求家兄次晨坐鎮台北，將資訊分類轉送相關部門，請各自追蹤後續工作，務求 24 小時內回應，因此總會得到對方善意回應及良性循環而打開市場。持續參加相關產業的會議（meeting／forum／conference），也是打開知名度及人脈關係的好契機。

記得 2012 年底有次在倫敦海運廣場（Shipping square）掃街，推開了一家堪稱世界首屈一指船務公司大門入內，接待中心小姐客氣地問我：「與哪位先生有約嗎？」問題是我只知道這是一家世界級祖字輩的大公司，根本不清楚要見誰，當時我臨機一動，很嚴肅地往上指指說：「The big man.（老大）。」接待小姐竟會心一笑說：「請你直接坐電梯上二樓就有人指引你。」上了二樓果然一位先生很端莊地說：「請稍坐董事長在接電話。」我有點驚訝但仍鎮定坐下，約莫五分鐘，就請我入內，果然是百年老店，執世界航運代理的龍頭，房間很寬敞，裝潢考究，古色古香，很高的品味，一位滿頭白髮精神奕奕的英國紳士走向前來與我握手並請我入座寬大的沙發，我是有點受寵若驚但既來之則安之。剛坐定交換了名片，老先生很客氣地問我：「Do we know each other？我們相識嗎？」我就一五一十地將原委及我公司的業務概要大致介紹一遍，他津津有味地聆聽只點頭不插話，待我停，他才很好奇地問我，接待員怎麼會讓我上來的？我只說了要找 Big man，他撫掌大笑說，這是員工們給他取的外號，就此我們很開懷地深談了逾一個多小時，詢問了我公司許多相關的業務……因秘書通報下一位訪客已到不得不結束，但盛邀我次日 10 時再來詳談。

次日準時赴約，老先生交待了，接待員見我入門趕緊笑容可掬地引路。老先生這次走到門口如老友般地迎接我倒是真的讓我有點失措。坐定之後，他就說昨日與我有建設性的交談讓他豁然開朗，他想了一夜，知我行程匆匆，抓住時間今天非要跟我談個水落石出不可。

這下讓我摸不著腦袋了，我來拜訪原意在尋求可能的商機而已。看我一臉狐疑，老先生開口說明他的公司屬於 Inchcape（中文名字英之捷）集團，創於 1847 年目前在 60 個國家共有 240 多個分公司，自他上任董事長之後，他無時無刻在思考如何將一個 150 年的公司能夠順應潮流來多元化，以增加整體的競爭力……這也是昨日當我貿然闖入他公司，又何其有幸瞭解了一個在台灣成立不到 30 年的公司，不但能抓住國際貨物運送的脈動，而且自始就已經走在國際貨代物流業整合與結合的道路上。所以這是他今日邀我來重敘的主因。他同時也與我分享幾年前 Inchcape 在非洲西岸幾個國家也開始試做貨代物流，但是沒有績效，只因概念轉不過來。接著他問了我一些關鍵的概念與技術問題，我是知無不言言無不盡地回答，期間有電話找他但一律拒接，很認真地

與我對話。中午他交待準備簡單的餐飲與我邊吃邊聊。期間也探詢我們有無實質合作的可能，這真有點出乎我意料之外，我說：「當然求之不得，只是技術的問題。」他說：「那好，讓我先打個電話。」我說：「請便。」數分鐘後掛了電話，告訴我，他剛跟新加坡的亞洲區總經理 Capt. Lauridsen 通話，告訴他攸關我們今日交談的內容，同時表達了極想與我合作的意願等等。他這種劍及履及的積極反應連我都自嘆弗如，並告訴我希望我能盡早先認識 Capt.，然後他會請 Capt. 到台北，邀台北總經理聯袂來拜訪再談細節，我應他當然盡力配合。直到下午快 4 點，我告訴他當晚 6 點有人來酒店會我。因為倫敦太大交通非常擁擠，回酒店至少要一個半鐘頭。他說完全明白。老先生緊握我兩手激動地說：「與你一席談話讓我茅塞頓開，我期盼與你合作的機會盡早到來，我也會敦促我亞洲的關鍵同仁盡早與你積極地溝通促成此事」。我也回以相同的期盼。

　　回到酒店我當即發了封簡訊予我秘書，請他明日一早與航空公司連絡將我回程機票加停新加坡一日再返台。次日一早 6 點半手機已確認。我 10 點致電給董事長，稱我將於歐洲旅程結束返台前先轉停新加坡一日面見 Capt.，老先生（Big man）大感意外，喜不自勝連稱：「太好了，太好了。」週餘後按約妥的時間，我到了 Inchcape Singapore Asia Pacific 在 Keppel Towers 十樓往會見 Capt.，據接待稱他也是亞太區總經理，但人在外洽公，請我在接

待室稍坐他們電話通知 Capt.。約莫 45 分鐘，他返頻稱抱歉，入座寒暄，聊了幾句攸關他董事長的交待，還算客氣但少了熱情。這也難怪，一般船長作事都中規中矩，船在海上行駛是依據規定進行，不是按上級的指示，倒也無可厚非，只是我們的交談總被電話或外務切斷打擾。但我因航班無法久留，只好告辭，他依然有禮頻頻致歉，稱他必將於近期來台專訪我再談合作事。返台次日倫敦董事長來電詢我新加坡之行何如？我不好據實以報怕傷了他的期待，僅說因時間太短他也很忙，但稱將會盡早來台面談等等。前後四次他都約好了卻因忙而臨時取消及延後。我已經完全明白，船務與貨代物流在產業的型態在概念、理念及意念上是截然不同的，再加上大公司多半經理級以上早已經習慣了按部就班的安逸工作，何苦自討苦吃，我也不好逼人就範自抬身價。而倫敦總公司的董事長雖然也是受聘，仍那般急於改變現狀算是有使命感的高管，令人由衷的敬佩。2014 年某日該公司台北分公司兩位主管銜命來訪待之以客聊表應付。事後私下拍胸吐舌，幸好如此不著痕跡的結案否則難免沒完沒了……。

●第十八篇 使用電報與電腦

回想 1967 年，我在美亞公司代理洛克菲勒（Rockefeller family）家族所屬的美洲海運（States Marine）當秘書的助理，成天與四部電報機（telex ／ leased circle）及英文草稿為伍，練就了發電報及打字的速度與反應，這個基本功夫，在創業時運用自如，在與代理、客戶甚至船上的互動時，發揮了極有效率的溝通功能。創業後，無論貨代物流或船代，我把每天的工作按早中晚時段有序地逐一處理亞歐美全球的業務及事務，竟而形成了每日定時打卡式的溝通模式。

自電腦從冷戰時科學軍事專用（Mil-SPEC.）轉變為商用，更在 90 年初開始廣泛應用於貨代物流、船代行業等國際貨運服務中，初時多半的同行、同仁都還猶豫在使用手寫習慣之中，我已率先學習使用高質量、高效率的電腦，同時說服並要求同仁跟進。這要感謝我的瑞典夥伴，記得第一次 ASG HK 總經理班特邀我同訪瑞典 ASG AB 總部，參觀全球電腦系統的啟動，看到那台宏偉、巨大，如同一間大辦公室的系統設備，著實讓我嚇呆了，心想未來世界各行各業都如此發展，肯定很快全球將以機滿為患，而人們將無立錐之地。我私酌既然是系統，其相互之間未來必然有大量重複及通用（duplicate & common use）之處，何必家家都要擁有如此龐然大物不可？我當時就跟班特講：「未來電腦普遍使用

的，將不會是各自獨立的系統及桌上電腦，而應該是當下剛流行的個人電腦（PC）的廣泛極致使用，只要將 PC 背後對外銜接的功能打開，它就能輸出帶入無限的資訊的交換與包容……」班特詫異地望著我不置可否只嗯嗯點頭。

80 年代後期，我們就開始以桌上型電腦替代了打字機，我的英文書寫還行，配合打字速度很快，對業務深度的瞭解，加上反應，就能隨時隨刻精確地使用電腦的優勢。稍後有了 OP 系統，並連結使用海關電腦通關作業程序，經由 PC 的流行，加上它可攜帶，在任何時間、任何地點，只要有電都能與外界連通無礙。尤其是船務代理領域更是無遠弗屆，讓溝通無須等待，自然對生意大有助益。

公司裡能夠掌握全局，非要有完整與及時的資訊連結不可，因此我也悟出並創造了交通與溝通互為表裡的格言：「百業交通為先，萬事溝通為上」。

「百業交通為先」因各行各業，無論古今中外，百業若想能啟動或開展，就非要有相對的交通條件走在前端，理論與實務都要與時俱進，持續前行，百業才有發展的可能。

「萬事溝通為上」，事無論大小、輕重、緩急、上下、左右要能清楚具體的溝通，期能使執行無偏差。透徹的對話機制才能讓眾人了然於胸，進而採取有效的行動。

交通對百業是有形的溝通，而溝通則是對眾人有意識的交

通。兩者相輔相成。唯獨良好的交通，才能推動貿易的暢旺，才能支撐經濟的成長。

架設手機中繼站

　　台灣開始使用行動電話，始自 1989 年中的第一代以「090」為開頭，一個門號申請約三萬元，一支手機約六萬元，原因是門號太少，系統中繼站（relay station）建置太慢。當時使用的系統是瑞典的易利信（Ericsson）系統。當年中華電信等的國家採購，必須透過中央信託局（CTC）的招標，過程也只准用 FOB 貿易條件，裝運大批材原物料必須透過指定的兩家貨代物流公司的安排，且須遵照國貨國運的原則與易利信（Ericsson）簽訂整個合約。剛開始建置進度慢尚可勉強應付，之後就疲於奔命了，易利信系統所需材原物料等必須兼顧功能、時效及成本，所以生產地遍布全球，而國貨國運，無論海運或空運皆力有未逮，嚴重影響整體建置的工期進度，再加上易利信與中華電信有延滯整個項目（project）罰則與約制，而又有門號開放嚴重遲緩的壓力，最終造成各種費用過高而引起民眾高度不滿，持續抗爭，越演越烈。易利信是設計者與供應商，按照 FOB 條件就是中華電信必須支付運費、掌握裝載安排，依此條件雙方是無論如何都無法在限期內完成使命的，更遑論提前完工滿足國人的要求。原因完全卡在政

府標案遠離現實。只好求助於 ASG AB 瑞典國家運輸集團，而他們即刻要求我瑞可公司代為設法解決。幾經無數次與中華電信及中信局溝通協調，似乎仍各有立場各有堅持，無法變更交易條款。各方壓力也越來越大。

　　看似無解，我們內部也日以繼夜研討，認定解鈴還需繫鈴人，於是決定直奔瑞典，與 ASG AB 及易利信總部去協商，當時 Martin 與我兩人攜帶大批資料及簡單行李，急如星火趕往瑞典，雙方人馬就等著我們。一到未歇，出關即直奔會場，整整兩日談得天昏地暗、日月無光。最終只有將原有的貿易條件由 FOB 改為到點（at site），所有責任由易利信承擔，而指定 ASG AB 與我司為整體的運輸貨代物流及建置的承包商（sub-contractor），只要中華電信願意更改，同時中信局肯放手，否則只有違約一途，再無更好解決方案。隨即返台，馬不停蹄，像熱鍋上的螞蟻來回於衙門之間，同時籌劃啟動接下整個行動電話系統的案子，尤其是那台澎金馬 260 幾個中繼站設立的承包責任。中繼站除了數量多，更有複雜的環境地勢，上山下海的考量。再依法規，我們當時公司營業執照未含承包的業務，只有盡速申請瑞鷗有限公司（Realco Logistics）急件以為合法因應。當然首先必須瞭解大大小小、數以千萬計的零組配件產地及數量，並確認符合海關進口的規定，其次確定每個項目其原產地的數量，以確保我們在出口地的代理可以無誤地遵照指示按日期無誤辦理裝運，而後選定適當的倉儲

場地並計畫配送的標準流程（SOP）……。而最困難恐怕是末端配送至每個中繼站都有不同的環境、氣候及狀況及最終建置完工簽收（turnkey base）。茲舉幾個特例予分享：

1. 中華電信總公司樓高 16 層，中繼站設在頂樓機房，博愛中正特區對交通貨物載運及施工多有許多管制措施，出入都要有特別申請及通行進出時間限制要求。而全台最大型吊車的吊臂最長僅及 150 公尺，故餘段必須以人工接力方式方可送入頂樓機房，大型單件有三分之一普通房間大小，重逾數百公斤，重量加高度與風速可見其艱難度。當日先備供禮上香以求菩薩土地公保佑方始開工。

2. 中部南投集集大山，該山海拔 1400 公尺並不算高，山頂有一舊的電視轉播站改為新的中華電信中繼站，年久荒蕪，無人亦無路，運送大小貨必須仰賴直升機上下不可。且必須雇請當地原住民協助以鐮刀、開山刀，開出人行道，同仁陪同先登山觀察環境與風向流雲等，山頂空間不大地也不平，只有就地取材，以竹子先編組成臨時直升機起降台。憑藉著對講機指導地勤及機師起降之操作。租用龍祥航空公司的直升機，所費不貲，尚需租用山邊私人小停機坪以為起降。作業當天天氣晴朗，我親臨現場，萬事齊備只等山頂的指令，貨物先裝妥部分於機內，人員機師在山下機邊待命，對講機傳出：「可以起飛。」機師連忙發動，眾人屏住呼吸，看著直升機冉冉升起，不到 50 公尺，對講機突然傳

1990 年，作者公司為中華電信於集集大山架設易利信手機系統中繼站。

出：「請下降，請下降，有雲霧飄過來。」機師得馬上落地等待，若有雲霧對直升機而言，是盲目駕駛，若山頂有風則直升機在山頂降落則可能翻覆也非常危險。所幸上下三趟終於完成了使命，我流了一身汗。建置完成必須等易利信工程師現場檢測到可以轉運，才算完成正式移交，這真是個搏命又搏錢的中繼站。

3.澎湖、金馬外島海運裝卸運輸較無問題，但到了卸貨港，這島上路運及建置搬運工人員等臨時何處求？真煞費苦心，只有求諸軍防部，所幸國營中華電信及我司有些私人關係。雖然阿兵哥不如專業工人，倒也順利完成中繼站的移交工作。令人心生感激。

其他各站也都有不同的汗水與淚水，但相對較比平順。長達三年的時間我們證明了「不怕有想法，只怕沒方法」，最終我們比合約時間提前兩個月完成了。記得當時此項目 Ericsson 瑞典籍負責的經理還為此特開香檳慶祝。此後，方有今日手機便捷的使用與經濟的成本。

我要感謝所有參與這個建置案的相關公司與人員，尤其是易利信總部與台北分公司的信賴與指導，沒有他們，這將是件不可能的任務，更要感謝中信局與中華電信捐棄成見，及時同意更改交易條款以造福國人，使國內國外的通訊順暢，正是萬事溝通為上啊！

轉眼 31 餘年，所有的細節仍歷歷在目，迄今我們仍可以很驕傲地告訴手機的使用者，易利信手機通訊系統中繼站的建置是1993 年由瑞可集團完成的。

●第十九篇　經營的理念與管理

　　瑞可運輸集團（Realco Transportation Group）的初創是1984年，在台北市成立，旗下目前有七家專業公司，在台灣、中國、越南、香港、韓國有25個據點與全球450個以上國家地區的同行代理結盟，超過1850個據點，連結成全球貨物運送網，服務項目涵蓋從液態、貨櫃、空運、海運等，提供運送相關材原物料及生化產品、國際貿易及電商、電商跨境保稅倉儲等的全程運送，倉儲及貿易服務等。

　　集團業務有效地分為四大類，既可為客人提供多樣化的服務，也可替集團內部縱向整合與互補，包括：

　　（一）國際貨物承攬運送及物流全程同步完整的服務（International freight forwarder & Logistic providers total solution service）：海陸空運貨物承攬運送、倉管配送、整體管理、內陸運輸、進出口報關、進出口貨物保險等（door-to-door, shelf-to-shelf, depot-to-depot service）。

　　（二）船務總代理（Shipping general & Port agent）：國際船務含集裝箱輪、雜貨輪、石化油輪及特殊輪的總代理，港口代理、仲介與租賃、船舶用品供應與服務（ships-stores）貨物保險等業務。

　　（三）國際貿易：主要經營進出口包裝材料（Packing

materials）等服務。

（四）電子商務（E-commerce）及電商跨境保稅倉儲（Cross-border bonded warehouse for E-commerce）；電子商務整合多元化的行銷服務（E-commerce），包括品牌開發等。

1999 年面對鋪天蓋地的劇變，我深思未來，公司為求長遠有效的發展集團，必須要有不變的組織要素及工作團隊方可驥步致遠、鴻浩凌雲，於是確立了以下 A. 理念、B. 管理、C. 趨勢：

A. 瑞可四個組成要素（十字理論）

A. 職業道德倫理 Professional ethics：
舉頭三尺有神明，心中永遠有十字
不偷 no stealing、不搶 no robbing
不謊 no lying、不弊 no cheating
正直與價值 Upright & value
公平與原則 Fairness & principle

B. 職業認知 Professsional cognition
知識與技術在職訓練 Knowledge & Technology
產業的國際標準認證 Professional training
資訊與通訊需求 ISO certification
會員 A Member of FIATA, IATA

C. 全球同步服務 Global services
亞洲我司自有在台灣、中國、香港、越南與韓國等地分公司配合全球的結盟及海外代理。
In cooperation with all members of alliances & individual agents to provide a synchronized services all over the world.

D. 職業服務項目 Category of service
貨代 Freight forwarding
物流 Logistics providers
船代 Shipping agent
國際相關貿易及電商 Trading/E-commerce
倉儲管理 Warehouse management
報關 Customs, insurance & others

成員必須理解並服膺職業道德的內涵。

對專業的認知及水平的維持要與時俱進。

要培養及善用國際同步全球服務的概念。

對集團內部的各項服務知所整合及結合相輔相成。

B. 瑞可堅實鑽石團隊當責分工

Vision 願景：最高領導確立未來 20 年或更長的大方向。

Mission 任務：由部門高階領導按願景規劃 5-10 年任務。

Decision 決策：由單位主管依任務做成 3-5 年工作。

Execution 執行：一線經理負責管理以下當年的執行工作。

Conclusion 總結全年，含有形的資產增減與業務的拓展及無形的管理績效與團體默契。

產生了兩個結果：

1. 可數的財務績效（整體利益）
2. 不可數的營運績效（團隊默契）

　　團隊如鑽石般堅不可摧由上而下的管理，各有所司，各盡其責。

　　最高領導必須高瞻遠矚，依世界趨勢及政府政策制定至少 20 年的願景方向。

　　部門高階主管按照願景規劃部門 5-10 年的計畫任務。

　　單位主管依任務分配 3-5 年按市場狀況務實調整工作內容。

　　一線經理確實執行當年度的實際交辦工作。

　　年底團隊的運作結論在兩個方面：1. 可數的整體利益、2. 不可數的團隊默契。

　　各層級負責人按職責於每年九月提出相關下年度的預算報

告。

2018 年川普當選美國總統，挑起對中國嚴厲的貿易衝突與制裁，同時也對全球為了美國的利益倡議了隔離主義，再加上疫情嚴峻，一時風聲鶴唳，政經為之失序。我特別制定了「瑞可集團四要」（如封底所示），以為因應並安定內部。

C. 趨勢：

① 這個世代創業公司的模式：

小公司／指相對於重資產的大公司而言，易於管理。

大市場／指服務的對象廣層次多而謂，潛力無窮。

高利潤／指相對付出的成本低但利比大，整合結合。

② 這個世代創業必須有能力精確使用互聯網（Internet on Communication 簡稱 IoC）及物聯網（Internet of Things 簡稱 IoT），才能真正具備完整創業的條件。

IoC 是在網內建立起產業上下游客戶及代理之間無礙的聯通管道。

IoT 是在網內規劃好產業材／原／物料及成品等之間通暢的資訊管道。

IoC 及 IoT 就是產業結合與整合的絕佳工具。

③ 從事無論任何產業甚至重要的項目都必須要有兩個步驟：

第一就是要確立邏輯的方向（也是想法）。

第二就是要找到合適的方法（也是執行）。

1989 年，作者出席第 45 屆航海節慶祝大會。

當選模範從業員

　　我曾兩度（1993 及 1999 年）當選「模範航港從業人員」。主要是對船務總代理及貨代物流產業的傑出表現，尤其是全方位提升貨代物流的教育，盡量避免不正常的惡性競爭，透過 FIATA 職業教育（vocational education program）及報章雜誌的宣導呼籲，也以身作則嘗試把產業做整合結合，從而減少產業發展的障礙，

專注於協助貨主全程更廣闊、有效、專業貨物運送的管理，扮演對貨主與承載人之間重要的協調角色，減少摩擦，為客戶整體服務提高效率及附加價值（add-on value）。並包括可能的相關內陸、山河、江運等支線的轉換協調工作。

世界國際貨物運送早於 20 世紀初已分為兩大主流：

（一）是「硬實力」的運輸實體資產，如輪船、飛機、汽車、火車、江輪等擁有的管理與投資（assets operation management and investment）以行使公共運送人（common carrier）的職責。

（二）是「軟實力」的整合與結合各運送實體間相關的運作與管理，也就是貨物運送的設計、組織、管理與教育（design & management & education）。既服務整體也服務單一。

我深信「百業交通為先，萬事溝通為上」。為因應現代經濟貿易市場的激烈競爭、甚至也受政治複雜的影響，硬實力與軟實力缺一不可。

「複式運送」的概念

1995 年我任公會理事長起，就不斷地公開倡導「複式運送」（multi-model transportation）的其重要性。國內複式運送業者，長年被侷限為貨運承攬業（cargo broker）或貨物代理業（cargo agent），甚至無船運送人（NVOCC）或物流業（logistics provider）等等不一而足，箇中的混淆與誤解，常讓外界甚至業者本身都不易分辨，加上國內法令受跨業執照的限制，讓複式運送業者在法令面前成為特殊行業需具備特殊的執照，才能營運，尤其受制於行政管理的歸屬，如財政部轄管倉儲／報關，交通部轄管的船舶／飛機／貨車等，如此業者們在多層次重複下，無論時間／成本／效率都無法為託運人提供合理完整的複式運輸。為了生存只有多申請幾張執照，以為因應，但如此管理就完全扼殺了本業的國際效率及競爭力。40 年來迄未改變殊為遺憾。當知國際貨物運送的貨代物流本身就是自由服務業，其服務項目相互間就有已經存在如唇齒相關的牽連與牽制。如今放不開疊床架屋的管理，既不符合自由經濟的原則，更徒增行政效率的遲緩與矛盾，非常不恰當。

不可或缺的競爭力

經營複式運送業者，必須對產業概念有清晰的認知，明確責任的歸屬，具備敏捷的思考，能觸類旁通及創新能力，要比別人多些邏輯的思維及常識的判斷，才能說服別人贏得先機，如此才能適時發揮四兩撥千斤的巧妙。

國際複式運送貨代物流是個整體的服務要有以下的基本概念：以提供客戶一種實用的服務，我概括分之為 1D ／ 2M ／ 3C

／4F ／5S ／6U。

1D：是指一種百貨公司的概念（One department store concept），一站式整合及結合相關資源，予以組織管理，提供客戶完整的國際貨物運送一站式服務，如同百貨公司。

2M：是指除了製造（Manufacturing）及銷售（Marketing）我們不牽連之外所有貨物相關服務，甚至包括簡單的加工（processing）在內，只要客戶需要我們都儘量服務，讓客戶得以專注於產品的生產與銷售。

3C：提供服務時要考慮三個C。

Cost 成本絕對的考量。

Confidence 要讓客戶有信賴感。

Comfort 用了我們的服務有無憂的舒適感。

4F（4 Flows in management）：重視公司內部四個管理流程，以確保服務的穩定性。

資產流的管理（Assets flow）。

現金流的管理（Cash flow）。

人才的管理（Talents flow）：流失（loss）、留任（retention）與儲備（reserve）。

資訊管理（Information flow）是產業的命脈要善加管理。

5S：對客戶一應俱全的服務。

Sell one sell all 銷售一種服務也俱備全套的能力。

Serve one serve all 服務一部門即可服務整體的功能。

Save one save all 為一部門節省必然整體受益。

Satisfy one satisfy all 一部門滿意就會整體滿意。

Sustain one sustain all 我們承擔就是支撐客戶整體。

6U：意指給客戶一個對他們有用的（Useful）服務才是他們所需要的。

Unitary system 公司由上至下一致性的服務承諾。

Simple & safe 要讓客戶感覺服務既簡單又安全。

Economic & effective 物超所值的服務。

Full functioning 全方位且無遠弗屆的服務。

Unique 提供客戶獨特客製化的服務。

Leading 百業交通為先服務要走在客戶需求的前端。

進入陌生的電商行業

顧名思義，電子商務是利用電子化的手段，將商業買賣的活動使用電子資訊交換（EDI）和電子支付轉帳。1998-2000 年，大量的歐美公司開發了並不成熟的所謂網站如（.com），但很快的，經過年餘就消失了。最終還是由美國兩家實體的連鎖超市 Albertsons 和 Safeway 附屬電子商務，讓消費者可以直接在線上訂購食品，開始發展而逐漸普遍形成商業買賣的主流之一，尤其在

中國廣大的應用市場風吹水起，蔚為潮流，潛力無窮。至 2014 年領頭羊阿里巴巴、京東、騰訊等利用電商走入跨境，大有將電子商業買賣全球化（globalization）的趨勢，其中尤以美國在 1995 年成立的亞馬遜（Amazon）為佼佼者。

因緣際會，我於 2013 年受邀參加大陸攸關電子商務的座談，一在福州一在北京，有機會分享我從事的貨代物流經驗，學習了許多中國電商新知，讓我領受了貨代物流也必須電子系統化方可融入電商未來的運作，也與業界及政府探討了一些電商未來國際物流的相關。

返台後，我總在「百業交通為先」的糾結中無法自拔，電商顯然是百業中新興又快速發展的行業，而我又如何能「為先」呢？

2014 年成立瑞良實業有限公司，開始摸索經營電子商務，結合幾位稍有接觸電商的年輕朋友，利用有限的知識及資源，再加好友電腦公司從無知到邊學邊做邊改的程式設計著手，當然事與願違，毫無作用，真是苦不堪言，完全入不敷出，加上台灣市場規模極小、競爭劇烈，於是一方面告誡同仁要能生存，必須延伸電商相關的服務，至少具備批發、貿易和品牌開發的可能，足足耗了兩年時間。2016 年不得已才再沿著我對大陸既有的思維及經驗，認定大陸市場才是真正的未來，2018 年遂派台幹成立上海天購信息科技公司，利用我司上海既有的辦公室一個單位專心摸索大陸市場，同時在台既有的同仁持續開發品牌。以台幹的常識、

2020 年 9 月在溫州綜合保稅區創立瑞鴻供應鏈管理公司（第二倉庫）。

智慧及韌性去學習當地大陸電商的模式，相對更能發揮舉一反三的琢磨，很快就打開了自有、藝人及網紅的模式，讓產品與媒體結合的穩定營運及模式。

又以電商的頂端為自有品牌，故以護膚保養為主要產品而創立了「蕊蕾的花園」，隨後因緣際會於 2020 年 9 月在溫州綜合保稅區創立了瑞鴻供應鏈管理公司，並於 2021 年 4 月開始正式租用了約 700 坪跨境電商倉庫開始營運。後經溫州綜合保稅區的持續擴大，我司也因業務需求復於 2022 年 9 月續租新建的倉庫約 2200 坪營運迄今。

回顧我進入陌生的電商行業肇始於根深蒂固「百業交通為

先」的理念，既然從事國際貨運的交通事業，就沒有道理不去理解行將成為翻天覆地、火紅的電商世代 B-to-B、B-to-C、B-to-B-to-C 取代傳統的商業模式的「盲點」。這個「盲點」正好給了我一個「支點」，也就是一個「想法」，從這個想法找出最容易的「方法」去突破，那就是以電商為入門，取其進可攻退可守的策略。從而瞭解電商的供應服務鏈，如果以電商為核心，往上推則依次為批發商 – 供應商 – 製造商 – 品牌商，往下推則為倉儲商 – 配送商。但是我們無法承擔重資產及過於繁瑣的投資，於是默默地逐步理出我們可以承擔得起的關鍵點在自有品牌，電商及倉儲（跨境保稅更佳），很幸運地，我們步步為營、穩紮穩打地逐步建構出以電商為主的「服務供應鏈」來。

第 **4** 部

談判領悟

●第二十篇 與德郵最終談判 MBO 案

自 1987 年與 ASG AB 瑞典國營集團開始合資後，指定 ASG HK 總經理班特為法定代理人之後，屢生嫌隙，令人不安，1991 年 ASG AB 要求增加持股至 51%，雖然是種肯定，卻也讓我憂心後續。終因在他未知會我及總公司之下，私自委託台灣某律師更改由他更替了 ASG AB，表面上他還代表 ASG AB，並持續更積極催促我同意投資到我的其他公司，讓我感覺非常不舒服也嫌惡，同時產生了強烈的憂患意識，並防患他野心於未然，讓我幾乎討厭與他對話與見面。

1990 年 ASG 全球年會於瑞士舉行，與全球 15 個國家總經理合影留念。左邊第三人為班特，後排第四人為作者。

與班特的恩怨情仇

　　班特與我自始意見相左，肇因 ASG AB 當初指定我司為台灣代理是由 Martin 促成，讓他時常私仇公報，徒增我在業務上與他溝通總有窒礙及合作的死角。他對我而言，總是成事不足，敗事有餘。ASG AB 在亞洲有五個合作的分公司（日／台／中／泰／星），每年總有兩、三次在港開地區會議，同儕給了他取個外號叫 Mr. McDonalds（表示非常摳門），即使做東招待同儕用餐也老是麥當勞加可樂。他傲稱既方便又省錢，其實大家心知肚明是他心胸狹隘所致。也曾多次為打折優待機票，老早約好時間卻總在

2006 年，作者（左三）、Bengt 及 Eligio 來談德郵併後的處理。

飛機起飛後，要秘書 Cammy 通知因沒有機位而讓人在機場空候至下一班試試……。老讓人在機場空等，卻又認為理所當然，既不尊重對方，也令人匪夷所思。如我於 1987 年深入中國探討並分析中國市場確定潛力無窮，他卻毫無理由堅決反對，待我做起來了，他又開始向總公司彰顯邀功，且大蒙實質利益。這種短視傲慢的心態讓人鄙視。

90 年初，中國市場開始蓬勃發展、欣欣向榮，而全球也陸續呼應跟進，因我們進場較早，發展也相對較順利，並持續設立了 20 多個營業點。班特反而認定 ASG AB 在台投資所佔的股份比例，也理所當然包括中國市場的一切利益在內……，卻刻意忘記當初他極力反對，既不出錢又不出力，要我自負盈虧的決定，開始耍無賴。

班特的惡劣行徑

2007 年我意外收到台北地方法院通知，方知班特向台北地檢署對我提告，其實當時我也並不太在意，總想最後在庭上兩相對質，他至少會承認他對中國的發展並無實質的付出，且已口頭承諾我若算上中國業績，我應佔瑞可公司 51% 股權的承諾。於是我請了扶輪社的好友 JS 做我的辯護律師。我也花了些時間整理所有與班特的恩怨情仇及來龍去脈，JS 也陪我第一次出庭，庭上要

雙方提出更詳盡的證據，等下次開庭再做審議及辯論，回來之後沒幾日，JS 打電話稱他已看了整個起訴狀及我提出的證據，想找一天到我公司詳細討論。當下我們就約妥了時間，那日 JS 到我公司，還帶了一位專跑法院的記者朋友同來，我心中納悶，這種個人的隱私怎好找個陌生人同來呢？既然人都來，必然有因，就請兩位入會議室，入座寒暄沒兩句 JS 就說：「我請我好朋友來，是要向你先從他的經驗中報告法院的生態與攻防，以及所謂官司的輸贏……。」解說完真讓我豁然開朗，尤其是出自客觀的第三者。隨後 JS 詢我是否還有更多的直接證據，可以反駁那偽造文書的指控，我說就這些了。因為我從不認為班特會與我對簿公堂。

接近第二次出庭的日子，JS 與我約了到公司來談案情，這次他一個人來，他很委婉地告訴我：「如果官司不怕拖，要打下去，是沒有問題的，只是我怕你勞民傷財又非常忙碌，怕會得不償失呢！」我聽出了點端倪，問道：「你的建議是什麼？」JS 直言：「情理上，我是完全理解你的立場，但就法律而言，我們的證據稍嫌不足。」我說：「我完全信賴你的安排，請說。」JS 確實是個經驗老道、深思熟慮，又充滿人情世故的好律師，也是好朋友。於是他很簡潔地說：「法院只依證據不按情理審理辦案的，而且我查過你從無案底，且是優秀的良民，所以長痛不如短痛，建議由我代你出庭，以認罪協商的方式，我比較有發揮的空間，而且你連出面都省了，只是身為當事人，你一定覺得未戰先敗，

似乎不合理。」確實有點……，JS 接著說：「我可以要求庭上以你的記錄及經歷，做最輕的判決，同時緩刑，速戰速決，更無紀錄……。」我完全被他說動了，只要認罪，不管是無意無心或無知……，這個案子就了結，也無紀錄，完全合於情理法，真是高招。最終一如 JS 所言訴訟很快就結案，輕判風平浪靜，既結案則班特就無法翻案。班特簡直嘔極了，於是怒氣沖沖到處造謠放話傷害我，所幸代理同儕們心裡都有一把尺，都知班特為人，起不了大作用。於是他又找了原律師說要到台北來跟我攤牌。

此時德國郵局併購完了 ASG 全球，而我代表亞洲各公司為了生存與德郵談妥 MBO。班特避開旋轉門規定，結合大家另創 APC 集團。未久市場傳出班特食隨知味，欲再度包裝 APC 出售，他的意圖被我識破。我當即辭去 APC 董事長職，也退出了 APC。

可惜當時非常紛亂，也忘了趁旋轉門條款時請他退出瑞可公司，因而造成如今他找我攤牌。班特只想盡速撤開我這個障礙，俾便他恣意為所欲為處理其他各亞洲分公司。其實能不再與他為伍，也是我一勞永逸的希望，於是歡迎他過來攤牌。

他抵台當天，我還親自到酒店接他來公司，先禮後兵、寒暄問好一番，詢問公司近況等等，近中午時我告訴他我午餐與人有約，他可以待在會議室，那裡有電腦、有電話、有秘書……，我也交代了秘書，除了公司的資訊資料需我同意，其他就為他做好服務。各部門主管也都清楚他此趟來不懷好意，也戒慎小心。連

續兩天我以在外都有會議為由未進公司，但仍偶有電話向他表達關心，也讓他自我感覺一下。第三天我進公司，方知他試圖打探各方，但不得其門。我請他到我辦公室，並等他提攤牌之事，他轉著圈子先跟我套交情，我一邊處理公事，一邊跟他哼哈，但這絕不是我的個性，我耿直，喜歡就事論事，但這 20 多年來謝謝班特給我機會去瞭解他的那些陰沉暗招。終於，三天時間讓他按耐不住了，移座到我對面坐下說：「我想跟你談談公司的未來。」我應他：「什麼樣的未來？」終於按耐不住了的他說：「你看是我買下你的股權還是你買我的？」他清楚他只能談原始 ASG AB 投資的瑞可公司，我很爽快地說：「你來找我談，當然是你想買我的啦，想當年德國郵局以 1：7 併購了 ASG AB 全球，你代表賣方，算是一戰成名，也大獲私利，事後我代表全體透過 MBO 用 1：1 再買回來，也算不俗，你應該心知肚明，你想出多少錢買我的股份呢？」他喃喃自語，不知所云，我又問他一遍：「你出多少錢？」他沒答，反而問我：「你出多少錢買我的？」我說：「買自己公司有感情、有人情，很難出價。」我知道這兩、三天他已經摸清楚了，他若買下恐怕只會是買個空殼子，他沉吟半响之後欲言又止，我就說：「你若真要我出價買你的股份⋯⋯」，我兩眼直勾勾地盯著他說：「只有一個價錢，而且現金支付，你好好想想，我去洗手間，回頭我可能就會改變主意，也許不買了。」於是我去了趟洗手間，返來回座我不語仍看著他，他一臉無助地

說：「好吧！」我二話不說，當下即刻打了兩份簡單的合約讓他過目，雙方當即簽字，並約好明早 10 點在他律師事務所見，我說：「好的，我們 10 點見。」即叫車送客。並當即與 JS 通了電話，也將合約影本傳過去，邀他明日同往。對班特只有快刀斬亂麻別無他策。

第二天我也準備好有抬頭的現金支票一張，抵達仁愛路律師事務所，JS 在等我一起進入會議室，班特與另一位我不識的瑞典人同在，點個頭，各自坐下，片刻律師進來，與我們交換名片，我同時從西裝內袋掏出昨日與班特簽的合約，告訴他說：「我們昨天達成協議，也簽了約。」他的律師頓時停在那裡，很訝異地看著班特說：「什麼？你怎沒告訴我簽了約？」班特情急之下，一把抓下我手中的合約要放進口袋，我當下也一把抓住他的手，並大聲地說：「你是搶劫犯（robber），在你與我的律師面前。」他的律師很緊張地制止他，並要他把合約還我。班特難得一臉驚恐，不發一語，他的律師問我：「請問合約有幾份？」我說：「兩份，且兩人都簽了字。」他向班特要他的那份，班特還想耍賴不給，律師說：「班特，那是沒用的，這裡是律師事務所，而且我們還有一屋子的證人（witnesses），甚至你會因此禁止出境的。」顯然班特的律師動了肝火。與我簽約破壞了他們的預期的安排。等律師看完了合約，我就將支票交給我的律師，請他轉交予對方律師，讓他保管，待公司股份過戶完成即可交付班特。約兩週時

間手續完成，自此我才與班特完全地分手。行筆至此，我要再次感謝 JS 明快的處理，由於他的深思熟慮，讓事情的發展有了正確的方向而不至拖拖拉拉永無寧日。

瑞歐是我 1984 年首創的公司，英文原名為 Realco，而 ASG-Realco 及 APC-Realco 都與 ASG AB 有關，最終在 24 年後又回復到原名 Realco，回頭看竟是漫漫來時路，欣然又回到初衷創業時。

2012 年全亞洲 APC 集團下各公司，果真再度被班特轉賣給日本的 Nippon Express，而班特也再度好好賺了一筆才完全放手，APC 旗下所屬各分公司（含港、日、泰、星）再度轉手換成了日本東家。

據悉當時也因班特已罹肺腺癌，前往美國加州醫治。2016 年聽說班特病情嚴重，遷回瑞典老家並安頓好家人的所有，也成立了自己的基金會，於同年捐出美金 2.2 億元（相當新台幣 61.5 億元）給諾貝爾獎金，專用於研究肺腺癌。2017 年 1 月 17 日噩耗傳來，班特與世長辭，我為他在人生最後的抉擇由衷地祝福祈禱，卻為他貪婪致富的過程感嘆不已！

談判是打心理戰

凡對外重要的談判事前準備非常重要，任何事情的演變，有一定的邏輯，那就是「原因→過程→結果」，設法把主導權掌控

在自己手中，態度要大度，心志要堅定，結果才會讓事情在預期中，所謂「料事如神」，其實哪來的神，不過心志罷了！

我這次故意讓出空間，予班特在公司自己觀察兩天的機會，讓他自覺自由也感覺孤單。任班特自己去琢磨，無干預也無打擾，以他疑神疑鬼及心胸狹窄的個性肯定自認他買下公司會吃大虧。我當時願意開個價格給他一筆錢，他應竊喜。事後他又自覺不划算，才又反悔處處向人訴說，他一生所作的買賣，就屬這筆對他是個「敗筆」而懊惱不已。

1999 創業最艱苦的一年

回到 1999 年，是我創業以來最多變最艱困的一年，也是公司成敗攸關的轉捩點。當事業面臨外來重大的挑戰時，處理得宜，危機也許是轉機，若處理不當，公司就會受到重創。這一年我們受到三大衝擊，那就是：（1）1999 年 9 月 21 日芮氏 7.3 大地震，整個辦公大樓已是危樓；（2）ASG AB 全球被德國郵局併購，我司貨代物流瞬間損失 60% 業務；（3）千禧年 Y2K 危機必須更換國內外全部電腦軟硬體。所幸當時我能沉著面對，洞燭先機，把傷害降到最低，甚至能險中求勝，再創新猷。

年初，就聽聞班特以強取豪奪的手法輕易獲得了 ASG 在亞洲各合資公司過半數的股權，同時也以裡應外合的方式，取得了

ASG AB 瑞典整個集團約 2.7% 左右的股權，成為個人持股的關鍵少數，左右了出售集團的大局。年中，班特代表個人股東與瑞典籍總經理代表官方裡應外合，就已經與德國郵局蹉商出售 ASG 全球計畫，搞得人心惶惶。此事攸關我們各分公司的生存問題，我再三私下詢問班特，他都三緘其口，不得要領，此牽連數以千計員工的生活與未來，也罔顧 20 多年合夥股東的權益及情誼，竟然刻意蒙蔽。十月底經媒體批露，我們才知道德國郵局為了擴大市場需要及減少競爭，終以 7：1 按帳簿資產（book value）的高價，收購了瑞典國營 ASG AB 全球公司，因為德郵原本在全球就已經有了數以千計的分公司及 55 萬名員工，因此我司一夜之間無預警頓時失去了 60% 以上的業務。為此，原 ASG 亞洲各分公司，除了班特個人獲得了空前利益，成為大贏家之外，我們通通將變成德國郵局下的小嘍囉（little guys），終將任人宰割。德國郵局多年來不斷收購了數十家全球中大型的貨代物流公司，包括 DHL、Danzas 等，為的就是全球的市占率及競爭力，至於我們，恐怕要自生自滅或遭裁員（layoff）都說不定。

由於班特是出售 ASG 的當事人，基於旋轉門條款（revolving door），他不得在特定年限內與同一商業行為有所牽連，但班特食髓知味，仍暗地想利用我們東山再起，於是推出重組改名的建議，並要求我代表大家前往德國郵局總部（Deutsche Post World Net），與總部 CEO 去爭取，並商談攸關 MBO（Management Buyout）管理層收購的可能，這點班特倒是對我信心十足，知我的能耐，要我既為自己，也為亞洲其他同儕公司及全體員工設想，人為刀俎，我為魚肉，再度讓班特利用機會坐收漁翁之利，這點我必須承認確實高明，既迴避了旋轉門條款的約束，又不花分文重新再度用人頭掌控了原亞洲各分公司既有的股權及資產。

　　約妥時間，我由一位剛加入 ASG HK 不及兩個月的義大利籍的香港經理 Eligio 陪同，往訪那棟雄偉高聳的德郵總部，進了會議室，很快四位又高又大標準的德國先生出現，雙方都知道來意，交換名片，陸續入座。那位 CEO 約 55 歲左右與我相仿，高頭大馬很體面，氣宇非凡具傲氣，尤其他坐下是側著臉對著我，CEO 先看著我們的名片，驗明我們的正身，然後寒暄了幾句，我就說：「德國郵局自 1995 年私有化後，已是世界級的超大企業，而你顯然是由基層做到第一任 CEO，著實令人欽佩。」他僅矜持地對我笑笑，緊接著我稍微介紹了 Eligio 及我的背景，與當前各自的職務與身分等，說明我是此次商談的代表。CEO 回敬說：「你也不容易啊！請問今天來此的目的是什麼？」我說：「來商討 MBO（Management Buyout）管理層收購的可能。」他說：「哦！那我們要怎麼談呢？」我很鄭重其事地說：「透過 MBO，希望達到雙贏（win-win）的目的（We come to help you, help us.）。」我當然明白他主要關心的是如何幫他們，又能贏得什麼？我相信在跨國併購案中最困難的是善後問題，中外皆然。

郵局是一個相對保守的政府機構，即使轉變民營，本性難移，踏入且併購貨代物流業也都因郵件包裹快遞物流開始的延伸發展，全球郵局也多走入了這種發展模式。其實我很早也曾建議中華郵政要開啟新的思維，可惜理念不同而功虧一簣。而他是從基層幹起，逐步高升至 CEO 的人，是不容許有任何差錯的，特別他對德國郵局以外地區或業務相對是陌生的，所以我必須引領他盡快步入正題，我說：「我來自亞洲，不知您對那邊熟悉嗎？」他說：「不完全（Not quite.）。」我說：「我跑遍全世界，也做過許多不同的國際運輸貿易行業，不是要炫耀（show off），只是想以我的經驗來幫你多了解亞洲一些，好讓我們的商討較比實際些。」他們四位沒吭聲，但點頭趣味盎然地聽著。於是我逐一將亞洲各國稍微分析了一下，並告訴他們亞洲與歐美國家間最大的差異在民族文化及社會法規。他們相視點了頭，尤其另外三位還竊竊私語。CEO 又問我：「所以我們商討的內容是什麼？」我說：「德郵花了不少錢買下 ASG AB，目的當然是為了擴充業務版圖。」見他點頭，我接著直說：「但你們在全世界，如同亞洲各國都已有了自己的分公司，買了 ASG 的業務，以目前你們的架構與布局足以勝任處理任何新增的業務，而我們在亞洲的同仁，包括我自己和 Eligio，都有可能是你們隨後要處理的累贅！」CEO 沒想到我單刀直入點到重點，他瞪大眼睛看著我，也坐正身子面對我點頭說：「可以這麼說？」我知道他明白了，就打蛇隨棍上，我

說：「我們此來，不但會幫你們忙，而且還會付你們錢。」我環顧四人都一臉迷惑，我接著說：「ASG 班特（Bengt）代表 ASG AB 與在地股東（local shareholders），都是 Partner 關係，如果你們要與在地股東及員工談判，並合理合法的分手，將是件極度複雜且困難的事，尤其是中國、台灣、日本、泰國等都是絕對保護主義（Protectionism）的國家，過程的複雜將會遠遠超乎你的想像，絕對耗費資源、時間與人力，唯有透過我提的 MBO 建議，快刀斬亂麻（cut through the mess）才有可能。」四人又交頭接耳一番。我也跟 Eligio 交換個眼神，我即說：「對不起打岔，你們仔細想想也好好研究一下，我們明日上午 10 點再來，好嗎？」這次 CEO 少了傲氣，很客氣地站起來說：「當然，當然。」並送我們走出會議室大門，CEO 緊握我手說：「非常謝謝。（Thank you so much.）」

次日上午 10 點我們再度回到會議室，他們均已入座等候，見我們進入，均趨前握手致意，完全不同昨日初見時的態度。CEO 表示善意說：「你們昨晚休息得還好吧！」我們點點頭。接著又說：「昨日的會談我們覺得很有建設性，不知道涂先生你有具體的方案嗎？」我說：「當然有，但先決條件是你們先確定願意接受 MBO 整體架構的方式，我才好提方案。」他說：「昨天你們離開後，我們也認真開了會，我們接受你 MBO 的建議。」我開玩笑地說：「我們千里迢迢飛到這裡給你們提建議，照說你們應

該先付我諮詢費才對，哈哈哈。」大家也跟著哈哈哈，氣氛就比較緩和。於是我接著說：「既然是 MBO 的架構，我們 buyout 是前提，不知道你們的條件 offer 是什麼？」CEO 說：「其實我們並無意要買你們亞洲的公司，那只是在併購中對方堅持的包裹協議（package deal），你們應該會有個底吧！不過你昨天說得很有道理，那些善後的事情，確實是惱人又耗錢費時的事情，我們願意配合。」我就很誠意地說了：「當然我明白，所以我們的條件是幫你們處理各自法理的事情，終究這還是買賣，我們就以我們各個公司實際帳簿的價值（booking value）買回來。」CEO 看看其他三位，然後很愉悅地站起身並伸出手緊握著我如釋重擔地說：「如你所言我們律師會即刻辦理，謝謝！」此事既經最上層當面痛快的拍板，很快就完成了所有程序。尤其一開始我就以直搗黃龍的方式找到主導者（key person），否則經過層層關卡，恐怕三、五年也無法結束談判，即便談完再處理各亞洲公司的個別法理程序，甚至可能沒完沒了的員工抗議等，恐怕就要拖延無期了。當然最大的受害者反而是我們自己。

談完我即飛香港，將談判的始末告知班特，他雖開心卻面無表情地說我們要趕緊辦理，以免他們反悔。當天我和班特談了許多，尤其是德郵對他的旋轉門條款還是很在意。我也怕會牽連我司未來營運等等，班特他自知他走在法律邊緣的理虧，而這家新公司更名為 APC（Asia Pacific Co.）在香港登記的公司，我是原始

創辦之人之一，其他所有亞洲各原有 ASG 名字的公司也一併即刻更名為 APC，我司也改稱 APC-Realco，中文名不改。所有支付德郵及登記律師費概由班特承擔。這件艱難無比的事，班特作夢都沒想到會順利地在 3 個月內搞定。只是我的敦厚並沒有換得他丁點善意的回饋，他仍堅持 APC-Realco 51% 股份仍屬他，我們僵持到半夜，仍不了了之。我也詢問他原本他只是法定代表人，何時何故改成股東？他推說這是 ASG AB 的意思，但為何偷偷摸摸，沒有公文，也沒有公告？他支支吾吾，我也沒輒。如今死無對證。同時他又告訴我，目前他無法當負責人，必需由我擔任董事長職，為了整體考量，我也只好勉強接受。翌日返台，我即刻先將我司由 ASG-Realco 改名為 APC-Realco，也將所有文件跟 Logo 一起都改變，以免違法，杜絕後患。既然 ASG AB 已消失，我同時將股權趁改名時改回我佔 51%。

2002 年，我在市場上又聽說班特想重新包裝（re-pack）APC，向另外一家大型全球性北歐所屬的貨代物流公司兜售，食髓知味想利用我們複製 ASG AB 模式，再大賺一票。這種不尊重股東，也不符正義、無風不起浪的傳言，聽了之後我私酌，不無可能。當即我就堅辭 APC HK 董事長職，俾免污了我名聲。他料我已洞悉他的詭計，於是大肆在同行間散播對我不利的謠言。我裝作不知，也不作辯白，清者自清，濁者自濁，懶得理他，何況當年我正忙得不可開交，除了公司營運持續的開展，也忙於

修習美國阿拉巴馬州特洛伊大學（Troy University of Alabama）的 EMBA 學位，更重要的是我創立了南天扶輪社，開啟了個人對國際扶輪的社區（community services）關懷與服務，讓人生更具挑戰與意義而努力。

921 天搖地動大地震

1999 年 9 月 21 日凌晨 1 點 45 分，台灣中部發生芮氏 7.3 淺層地震，罹難 2415 人、受傷 11305 人、失蹤 29 人。當時我人在洛杉磯，是上午 10 點，正與客戶開會，一位中國員工跑進會議室告訴我，剛剛台灣發生 20 世紀末最大的地震，即刻看電視報導，真是天崩地裂、風聲鶴唳，所有電話手機都不通，我心急如焚衝到熟識的旅行社，即刻購買隔天第一班返台班機。

在航行中我惡夢不斷，抵台是次日清晨。想像情況就怕如 1995 年日本關西阪神大地震一般，也是芮氏 7.3 級，機場與高速公路都受重創。我搭的班機落地中正國際機場不見損壞，高速公路不見扭斷，我心稍定，回到家，酒櫃書櫃倒了一地，所幸家人虛驚一場。

次晨進公司，辦公大樓受創頗重，鑑定為危樓貼上黃條子，我九樓辦公室牆壁竟然龜裂數處，寬約 20 公分，可由內外看，早上同仁上班巧逢電視台訪問：「小姐，這是危樓，妳還敢往裡

衝啊！」同仁毫不考慮即覆：「公司還有急事要辦啊！」聽了讓我非常感動，當即四處尋找適合的辦公室，兩天內決定購入內湖區陽光街現址毛胚新辦公大樓的四樓，所有的手續、隔間、裝潢一氣呵成，月餘我們總公司已經全部遷入，正式運作了，當時從台北越過民權大橋到內湖有如遠走郊區，內湖是截彎取直基隆河沿岸所取得新生地所開發出來的內湖科學園區，當時區內連公車都完全沒有，我們必須僱小巴，早晚接送上下班同仁至民權東路上搭公車，加班則固定請小黃服務。原估怕會有員工因而離職，竟是無一。我們是第一批遷入園區的公司，也積極請民代與市府溝通，終於在遷入內湖新址約三個月後才有了公車服務，解決了交通問題。如今的內湖科學園區已是寸土寸金，大樓林立，且交通壅塞、停車一位難求，真是天壤之別。

　　1999 年底，千禧年 Y2K（Year 2000 problem）之害謠言四起，蠱惑全年，尤其是電腦軟硬體面臨著鋪天蓋地的千禧蟲害危機，電腦軟硬體及系統是我們行業的命脈，無一日不可無，而且必須馬上整個更換，誰也不敢輕忽，似乎世界末日，所費不貲。然而，最終並無千禧蟲，全世界竟然都被唬弄蒙混了，只有電腦業得利。

　　這一年是我自 1984 年創業以來最糟的一年，天災人禍，諸事不順，真是欲哭無淚。15 年還算順利，衝刺累積了不錯的資源或將付諸水流，親友們多勸我持盈保泰，不如租個小辦公室縮減人員再等機會！我沒有接受這種善意的勸說，卻盡其在我，

仍自信滿滿地帶領同仁昂頭挺胸向前行，沒有辭退一名同仁，沒有減一分薪水，年終依然發放相對較少的獎金，全數更換了全新的電腦及相關軟體，也購置了全新的辦公室及設備等等。同仁都看在眼裡，心裡也有數。一過完年，我隨即再背起行囊，飛往世界各地尋找商機，出乎意料之外，我過去參加國際貨代物流會議，所認識的許多外國同行業主朋友們，見我災難之後即刻來訪，感動地說：「過去我們想與你合作，卻因你是 ASG AB 的夥伴（partner），怕有業務衝突，無法合作，如今你浴火重生（rise from the ashes），算是自由了，我們可以無慮地與你合作。」這給了我莫大的鼓舞與信心，於是一傳十、十傳百，我倒顯得有點左支右絀、窮於應付了，因為在同一國家或地區我們只能有一家合作代理，否則會有業務忠誠度以及客戶相互重疊的問題，數月奔走返台後，我立即設立了相同性質的四家公司，並創新組織架構，採取業務各自獨立尋求不同的合作對象。但操作、財會、行政、資訊等皆採取中央統籌，俾集中貨量，資源分享，依標準 SOP 的操作模式，只需電腦系統區隔所屬，偶有小矛盾，內部也容易溝通化解。代理雖知是同一個老闆，同一個策略、制度及系統，只要滿足績效都相安無事，甘之如飴。

　　不到一年的時間，那失去 60% 的業務不但回復，尚且超越過去全球代理公司數由 ASG 時期的 40 多個，跳躍式增至 400 到 500 家代理，著實令我們相當振奮。

這也更印證了在危機時刻，想法要比方法來得更全面、更重要，也深信塞翁失馬，焉知非福，重現了善用既有資源及四兩撥千斤交相思維的魅力。

危機就是轉機，但須明白現代競爭力，除了應有的知識，經驗，努力，學習之外，仍有六個面向必須注意：

（一）差異性 Difference 具備與競爭者思想及行動差異上的優勢。

（二）應變能力 Resilience 面對變化時沉著且適當的應對能力。

（三）靈活性 Flexibility 善用思想的靈活性來處理業務的繁雜性。

（四）倫理與紀律 Ethics & Discipline 尊重並遵行組織的倫理及紀律。

（五）堅持 Persistence 有了方向與方法就要義無反顧地堅持下去。

（六）執行力 Execution 基於上述五個面向徹底將工作分工負責去完成。

從事服務業，尤其是國際貨物運送服務的管理務必要具備多元化、多層次、多介面和多思維，服務範疇不嫌廣，服務熱誠不嫌多，服務細心不嫌煩，如此做，即使業務量或因市場的變化即使量縮了，但質優仍可以增強競爭力。

●第二十一篇 談判油價高漲解決之方案

　　1990 年 8 月伊拉克入侵科威特，波灣戰爭爆發，引起第三次世界能源危機，國際原油價格大幅飆漲，影響國際運費，產生極大的波動，各公司與各客戶之間為了履行運送合約的問題，遭受到極大的衝擊、挑戰與矛盾。

　　之前我司代理船東 Jo Tankers 與某上市石化集團產業龍頭簽了全年載運合約，我們要負責安排多批次石化液體原料，並分批裝載於適當的化學船來運送，是個相當大量也具極大挑戰的載運合約。

　　雙方簽約時，國際油價相對平穩，運費也很合理，不數月間，遇到波灣戰爭引發的能源危機，油價飆漲數倍，運價當然無法承擔戰爭所帶來的巨變。我們代表船東與客戶簽定了固定合約，面對如此天翻地覆的市場變化，是任誰也無法依約履行的。

　　我司負責的經理失了方寸，不知如何面對，嚇得只好躲避，關了手機。也不敢向我報告，總以為戰爭很快就拖過了。

　　苦撐了半個月，這家公司仍拒絕調整運價，堅持要求原價運送，更造成雙方嚴峻的對峙與誤解。該公司副總原係舊識，就緊急直接來電要我盡快到公司來面對。

　　次日，我請會計經理跟我跑一趟。該公司副總帶了六位主管一起與會，我料是種機會教育，才剛坐下，副總就說：「涂董，

請你來面對解決問題。」我答：「當然，當然，我們共同來解決問題。」

副總說：「既然我們簽了合約，就當信守承諾，按約處理對吧？」

我回：「當然，在正常情況下確實是該如此，但我們都因波灣戰爭狀況遠遠超出合約之外。我們無法履約應可瞭解，合約雖是我們代表船東簽的，我們肯定不會迴避的，但雙方的約定是受到國際情勢不可抗拒的影響，當然就要按國際法來處理。」

副總問：「OK，那國際法應該如何來處理呢？」

我誠懇地說：「國際油價因戰爭而飆漲，是種無法抗拒的國際因素（force majeure），老早超乎常情，同理，貴公司的石化產品，因為油價飆漲，售價水漲船高也是無可厚非，買家也只好接受，戰爭是標準的天災人禍，無所預期也無法逃避，只有共同面對。」我攤開合約書（charter party）影本指出重點。

副總竟然回我：「這樣不行，如果不履行合約，我們就只有依約告你們。」我知道他在耍威風而已，我說：「我不是第一次與貴司簽約，我來當然是以負責任的態度來解決問題，我敢來就不會怕你告。其實我是帶著建議案來給你的，請你過目研究考慮完，再看你要告誰，好嗎？」我也意有所指地說：「貴集團執業界牛耳具指標性，而我代理的船東也是世界首屈一指的，讓兩大集團之間告來告去，最丟人的恐怕還是我這個仲介（Broker），

我不能讓雙方失望，否則就失職。」副總聽完無言。我繼續說：
「仲介就是為雙方的和諧及利益而存在，我建議雙方都冷靜面對現實。既不可因此而斷鏈不進貨，船東也不可能有船不載貨。當下貴公司若能找到更好的運價，船東應不會計較貴公司的違約。若找不到，就請依約裝載。至於差價的部分，我已研究出雙方可以接受的幾個方案等你們選擇，待油價恢復，再予調整回來。你們先審視我提的建議案，再言其他。畢竟我司為貴公司服務多年，豈容短暫的戰爭、不可抗拒的因素而毀了我們長久的互信。」

副總同意並向董事長報告後裁決。最終接受了我的建議，共同面對事實維護了該合約的精神。

商業夥伴關係維持不易，若有困難，是要共同找出雙方傷害最小的方式來共同善意地處理，也符合中國人說的冤家宜解不可結，提告是不負責的下下策。

合約的事若發生問題，肯定雙方都會受害，互相都要為對方想，退一步海闊天空，中間人不偏不倚盡量做出最好的建議，也讓主事者面對老闆有所發揮及表現的空間，事情才好辦。

而此事我評估油價飆漲，肇因戰爭，造成全球整體無與倫比的壓力及能源危機，但波灣戰爭終究是地區性的小型戰爭，關鍵是石油的供應絕對扛不住全球的壓力，戰爭應該很快就會結束，船東若堅持國際法不可抗力免責條款（force majeure rules），是完全站得住腳的，但卻認同我的觀點，才能順利解決，並取得雙贏！

●第二十二篇 併購與上市的經驗

在過去的十數年間,我遇到非常多上市的建議與併購的機會,終因多重的考量與顧忌而失之交臂,也焉知非福。上市與併購多因企業經營發展達到某種瓶頸或突破時的必然考量與選擇。在歐美、日本極多貨代物流產業,為了業務的擴充,做區域性或產業升級的併購。國際貨代物流業多是輕資產/軟實力的服務業,加上產業特性以及作業流程不易規範,故較難評估整體查證(due diligence),也相對複雜。而 IPO(initial public offering)上市,在相關政府部門的監管下,也是非常不容易,因而造成上市的窒礙。一般保守的業主更視公司上市為忌諱,除非有絕對的必要,都深知大眾股民投資的錢,對正常穩健的公司而言,卻是經營上超額的責任與財務的負擔。在正常發展中,只要本業財務槓桿控管得宜、在有多少錢做多少事的原則下,甚至不向銀行周轉貸款都可自營操作。因此本業在沒有外部強而有效的機會教育與強化結構之下,靠兢兢業業、如履薄冰、埋頭苦幹,多為同行併購、上下整合或地區延伸式的發展,對於上市(IPO)或不適合的併購(merger),反而不熱中。

我司自始就以相關服務多樣化為發展的策略,在內部做相關上下垂直的整合,在外部做異地異業的結合,同時很早就開始在台灣、中國、越南、香港、美國與韓國開枝散葉,設立據點,並

與全球 400 至 500 家同行結盟聯成全球服務網,因此業務推展儘管競爭激烈,但尚稱穩當。期間也蒙多家國際知名同業的青睞,前來洽談投資合作或參股併購等,分享一二於下。

商業上的併購、投資、參股、合作總要有意圖,而雙方瞭解彼此的意圖(intention or interest)相近或相輔才有可能,否則意義不大。

塞翁失馬焉知非福

我司在過去 38 年的經營中有數十個併購,投資的商談案例,除了 1985 年瑞典國營運輸集團初期為了創業的穩固基礎,是我主動邀請他們入股之外,其餘幾乎都是我們的經營概念與發展模式,吸引了相對較大規模國內外公司的意願與興趣而嘗試的案例,最終多因對方的營業項目過於專注,無法達到協同互利(synergy & mutual interest)的最終目的而告吹。儘管可惜卻也可預期,當然也有來嘗試討便宜的,就不在話下了,其中有兩個幾乎達成交易卻又夭折的案例。

2013 年法國一家頗具規模的跨國運輸集團與我聯繫,想來台灣拜訪我,洽談合作事宜。訂下日期後,從資料上我了解到他們也是具有多功能(multi-function)、多方向(multi-direction)的公司,這很難得,與我的概念接近,尤其這家法國公司 Naxco Group

2014 年，作者公司 30 週年尾牙活動，Naxco group CEO- Guy FOUCHEROT 與 CFO-Pascal FLANDIN 連袂參加。

當時是歐洲最大的郵輪（cruise）代理公司，2013 年郵輪在中國市場正蓬勃發展，前景極為看好，而郵輪代理正是我司船務代理缺少的一塊（the missing piece），當然引起我極大的興趣。

2013 年底該司 CEO 率 CFO 來訪 3 日，我們從概念的溝通到實際的營運，做了非常坦率及深入地探討，並瞭解雙方的立場與需求，離台前我們於 12 月 20 日簽下了意向書（non-binding LOI），表達雙方初步的意願，並持續緊密的溝通協商，期能盡早達到雙方長期合作的方式。他們返法後我們溝通仍頻繁，經對

方書面要求，我們花費不貲的 Deloitte 整體查證（due diligence）以及專業 CVA 認證之企業評價報告（enterprise evaluation report），兩位貴賓也再來訪兩次，並同意於 2015 年 2 月 13 日簽下 MOU（memorandum of understanding）以為後續。2014 年受邀參加我司在和璞飯店擴大舉辦的 30 週年慶，也經雙方確認所有條款等，於 2016 年初來電邀我在四月初訪法，在巴黎近郊的 Perret Cedex Naxco 總部簽下正式購買我司 40% 股份的契約，並說明請我四月去也是希望為我在巴黎歡度生日。似乎水到渠成，萬事齊備了。4 月 4 日果然有個愉悅溫馨的生日晚宴，次日上午約妥在總裁辦公室，財務長（CFO）坐我左手邊，準備正式談付費方式（payment term）時，他突然冒出一句：「Mr. Tu 你的報價似乎有點高哦。」我差點把昨晚的生日蛋糕給吐了出來，我斜著眼看著他說：「你是開玩笑嗎？」CEO 有點尷尬沒說話，我頓時感覺很不舒服，沒好氣地說：「那就取消交易吧（Cancel the deal.）。」當時我突然有種預感，這交易似乎有種說不出的蹊蹺，次日我就打道回府了。

其實我也不捨，自己創立公司從無到有 32 年，就如自己的孩子拉拔長大，怎麼捨得賣了他一隻胳膊？儘管這兩年為此交易相當煎熬，也花費不少，但仍值得，整個集團透過 Deloitte 查帳及認證的價值評估做了一個大整理，至少清楚 32 多年努力有了具體的量化價值，未成交也無憾。

年底我就收到資訊，由於中國郵輪旅遊市場經過五年急速的成長，終於因政府的政策法令規章及市場模式機制起了絕對的矛盾，硬體與軟體之間無法適應，面臨了嚴峻的考驗，營業上產生了崩塌式的下滑，肇因於這個市場的海域不若其他海域，全年颱風季長達半年，影響商品服務與短程競爭，似乎多為日韓在地旅遊業利益作嫁，殊為不值。冥冥中有如老天保佑，否則難免就要被嚴重的拖累了呢！CFO 不經意的一句話雖激怒了我，反而讓我躲過了驚悸未知的後果！命耶？運耶？

事業夥伴可遇不可求

另一個例子也很戲劇化，日本百年老店大阪「南海」，在日本是極富盛名的鐵道、物流、百貨、保險、旅遊、酒店、建築、管理等綜合型的集團公司，我們與這家集團所屬的 Nankai Express 公司合作往來超過 20 年，這是一家非常體面、誠信、合理的企業夥伴，我的日文不行，所以過去聯繫都透過翻譯，當中國、越南開放時，他們也進入了這兩個新興市場，可能水土不服，所以發展得不如預期，時常會請我們協助支援。同仁感認在中、越兩個市場我們是競爭對手，不宜那般地協助他們，我卻不以為忤，仍然持續予以支援。

未久，董事長換人，此人英文極佳，我們有了非常緊密的聯

2015 年，作者 (中) 前往日本 Nankai Express 大阪總社，與總經理會晤。

繫，同時彼此多次互訪，2015 年 11 月我再度受邀往大阪洽談公事。抵大阪，方知董事長等已為我安排次日上午 10 點往見集團的總會長及相關會面。在日本，尤其是歷史悠久的企業非常重視內部文化、倫理及信譽⋯⋯，有板有眼，令人敬重。也許二次大戰日本軍國主義抬頭，窮兵黷武，令人髮指，罪不可赦，但戰後民間經濟蓬勃發展令人側目，尤其是敬老尊賢，頗有中華文化的傳承，令人景仰，而企業內部管理非常著重輩分及細節不可踰越，整體績效卓著，舉世聞名。次日 9 點整，Nankai Express 董事長及總經理等一行，鄭重其事來酒店接我，連袂前往總部南海難波第一大樓面見集團總會長。一位 65 歲上下，溫文儒雅的紳士與兩

位先生，在冬季暖陽照射的大客廳接待我們，其實來之前他們既沒有提何故造訪總部，我也沒有刻意詢問以示尊重與禮貌。交談中也只是客套問些公司狀況及大致未來發展，以及兩岸關係、東亞局勢等等，也只有我和總會長在交談。約莫半個鐘頭，Nankai Express 董事長看了腕表，提示總會長尚有行程，就告辭了。事後我方明白這是他提議雙方擬合資的一趟面試（interview），據稱總會長表示滿意同意進行。

返台後，2016 年 4 月 12 日我收到南海發來的意向書（LOI），這時間點正巧與法國的 Naxco 有點重疊，事前我並未預知，卻正好所有的查帳預估程序適用，可以在收到日方的 LOI 完全用上，並節省不菲的支出。年餘的折衝商討，雙方最後的同意與確定，只等時間而已。其實與南海合作我更覺合夥的信心與適宜，除了東方文化的背景，更因商業經營的理念，也有較長期磨合的良好基礎。

2017 年 6 月我們收到南海總部（Nankai Headquarter）來函通知我們，原 Nankai Express 董事長因屆齡退休，並轉任新職為 Nankai Golf Management 的董事長，以酬庸他一生為南海集團傑出的貢獻。這位好友董事長也是高球愛好者，能在退休後榮任此職絕對是集團對他最佳的安排，我致電向他表達由衷地恭喜與祝福。他也很欣喜地接受，並告訴我等交接完畢，他會安排邀我來大阪與新任董事長見面餐敘等。

2017 年 8 月 2 日我受邀，並攜我司該部總經理一同抵達大阪，當晚與新舊任董事長及相關共進晚餐，新舊任董事長分坐我左右，方知新任董事長來自南海鐵道部（Nankai Electric Railway 創於 1884 年），對貨代物流並不熟悉，也不諳英語，所幸其左右手及其他重要主管幹部並無異動。當時我沒多說話，但心裡有點嘀咕，此後溝通怕要回到從前，層級又將下降了。果不其然，越二月，我請我的總經理詢其對口總經理，回稱新任董事長尚在熟悉新職，恐怕要過些時候才能有進一步的評估，屆時再與我們磋商，至於雙方長期的合作持續不受影響，但我心底開始有數，凡大企業全球皆然，每當主其事者無論任何原因更換，泰半與決策更張攸關，就請同仁暫時不再詢合資的事，而專注於雙方業務的共同發展。此後合資之議似乎就此煙消霧散了……

近 40 年來全球併購合資不斷，卻真是聞之勿喜，失之勿憂，除了有形條件合適，還需無形緣份夠，當然周邊趨勢與內在時機樣樣不可少，更重要的是，主事者的穩健個性與保守需求，要知所斟酌拿捏，才是不慌亂的關鍵，除非是有刻意的企圖，否則如同婚姻要兩相情願，還真是可遇不可求！

第 5 部

危機處理

●第二十三篇 快速處理退運貨物

　　1991 年 12 月 26 日戈巴契夫辭職，蘇維埃 15 個聯邦共和國立國 69 年後正式解體，各附庸及東歐共產國家開始獨立並對外開放，經過冷戰，各國貧窮落後，鮮少有人前往，而我卻兩次隻身前往波蘭海港格但斯克及格但尼亞、匈牙利、布達斯特、捷克、布拉格等國家及港口。在歷史上，這些國家都曾經強大過，如今因蘇聯解體而各自獨立發展，應該會有商機。

　　其中匈牙利有小俄羅斯之稱，一黨優勢制的共和國，在東歐各國中屬文化經濟發展水平較優者。當時一家匈牙利公司 INTIME 很快就開始跟我們合作，我首次拜訪，這家公司老闆為表示慎重，特別租了一輛禮賓車（limousine）到機場迎接我，以示禮遇。

1990 年，作者到匈牙利拜訪洽商，INTIME 公司以禮賓車接送代步，以示禮遇，旁為司機。

首都布達佩斯是兩座城市（布達 Buda 及佩斯 Pest）橫跨在多瑙河上的連結城，確實是座非常優美且深具文化特色的城市。儘管當年經濟尚不十分繁榮，但一點都不減市容的雍雅精緻，街邊河畔咖啡座林立，香味四溢。第二年，我再去布達佩斯，INTIME 已經發展成多角化的經營，雖然規模不大，麻雀雖小卻五臟俱全，含旅遊、貨代物流及進出口貿易。

正巧公司進口部經理年休，碰到一個棘手的緊急案子，承辦人不知該如何處理，秘書轉來我處。經詢原來台灣一家製造塑膠吹氣玩具（inflatable toys）的工廠，前經我司安排，由基隆出口 4x40 呎集裝箱的吹氣玩具至美國舊金山。貨抵美國，被海關驗出這批玩具內防沾粘的化學粉末，不符合美國食品藥物局（FDA）的規定，勒令退運回基隆。收到美方代理來電通知時，船將於周內抵港，我們卻無法聯絡上原出口廠商，經查該廠已經停止營業，船公司通知我們在船抵港前務必處理，否則將即移貨櫃場等候海關處理，若再無人出面認領，海關將依規定沒收銷毀。承辦人沒經驗，慌了手腳，不知如何。經查記錄，該廠過去持續出過相同的商品，並無被美國海關退運的紀錄，雖然美方買主是有名的玩具品牌商，但也無奈。

當我弄清原委，並調出所有裝船文件並無瑕疵，也確認過去並無退貨情事，表示問題出在美國海關。靈機一動，我想起了匈牙利的 INTIME，當下先將退運運費繳了，再將原始裝船文件電

1990 年，作者於匈牙利布達佩斯辦公大樓前與 INTIME 總裁合影。

傳予 INTIME 告知原由，擬以半價出售與 INTIME，經確認只買 2 x 40 呎，同時即電匯貨款至我司。我要承辦人於船抵港前辦妥相關轉運手續，並以我貿易公司名義承接另外 2 x 40 呎的貨，當即透過國內銷售管道便宜出售。

　　當船抵港時，我們已經售罄全數商品。數日之間，將原本要銷毀的貨物因轉念而促成了外銷 INTIME 及內銷國內的貿易，讓公司獲得意外之財，化腐朽為神奇。處變於不驚，既避免了暴殄天物的浪費，更善用了既有的資源。

　　開發中國家的資源往往不足，商人必須腦筋靈活，並抓住機會，在互信的基礎上是可以促成許多利人利己的商機，這也是另類的四兩撥千斤。藉此我提醒同仁：「記住問題在那裡，機會就在那裡。」人一生面對許多的問題，有解決問題的能力，就是價值，也是機會。

●第二十四篇 迅速處理機場危機

新航 006 號班機，是一架從新加坡樟宜國際機場出發經桃園國際機場直飛美國洛杉磯國際機場的定期航班。這架波音 747-412 型客機，在 2000 年 10 月 31 日不幸在桃園機場發生空難，晚上 11 點 17 分，在象神颱風強風豪雨下，該機依塔台指示，準備自 05 左跑道起飛時，因為豪雨造成能見度極差，飛機誤闖了正在施工維修而暫停開放的 05 右跑道。在客機開始加速後，直到飛行員目視到停放在 05 右跑道邊上的施工重型機具時，班機已以超過 140 節（約 260km）的速度在爬升，機尾重撞到地面的重型機具，瞬間翻覆並斷裂成三截，機身引起大火。意外中，共有 79 名乘客和 4 名機組人員罹難，這是新航自創立並榮膺全球最安全舒適的航空公司盛名以來，首次發生此不可思議的空難事件，也是新一代波音 747 首次出現致命的案例。

事故次日 11 月 1 日早上 7 點左右，新航台北公司的經理打電話來，上氣不接下氣緊張急促地問我：「知否，新航出事了？」我懵然不覺說：「啊！什麼事？」他要我趕緊打開電視機，那驚恐的失事畫面讓我怵目驚心、目瞪口呆。經理隨即告訴我，他們開會思考整晚，咸信只有我能幫助他們有效處理這個破天荒、緊急又棘手的意外善後。尤其新航總公司下令務必於週內完善處理完畢，否則新航將慎重考慮停飛台灣。再加上桃園機場是國之大

門，若整個關閉將傷害國家形象至極。

電視螢幕，飛機已折成三段，人員傷亡慘重，機場整個仍持續籠罩在颱風疾雨中，現場一片狼藉，屍塊與行李散落一地，機首、機翼與機身幾乎完全脫離，慘不忍睹。除了生還者在急救，屍物雜陳，無論大小，均應保持原狀，不得破壞，法官必須現場勘驗，詳細審視拍照記錄。任何的機組零件，都是巨細靡遺、謹慎處理的呈堂證物。

善後工作紛亂雜陳，都無經驗，非要有極其縝密的計畫與嚴格地執行不可。衡量整體情況，新航整夜開會是要找出能處理現場的協調管理與組織者（coordinator ／ organizer ／ manager），當下千頭萬緒，雜亂無章，只有依我一貫的邏輯思考及常識判斷，理出頭緒並即刻規劃整體相關的作業程序，才能及時並有效依序處理解決所有棘手的問題。

掛了電話，我雖驚魂未定，但仍鎮定思考並飛車趕往公司，即刻召集七位主管，緊急開會，扼要說明我的初步規劃，一個鐘頭後，我就親自坐鎮指揮並協調分派工作。分成七個工作小組各由主管負責，公司全體緊急動員支援，即刻分頭協調各有關政府機場部門、重機械、殯葬業、軍方以及各個外包商等。相互間時機（timing）的先後順序掌控，更是關鍵。國門有難，全世界都在關注，都要緊急處理，稍有不慎，後果不堪設想；同時新航除了背負整個機場處理與清理的責任，尚須背負人命關天及飛安信

譽的壓力，最終還要考慮飛機殘骸及零組件的存放，要符合法定呈堂證物的要求，此外，機場為特區人／物進出有嚴格的管控程序等等，欲面面俱到，難如登天，我們只有盡其在我。

可想而知，在疾風勁雨中現場泥濘髒亂，而散落一地的機械零組件覆蓋面極廣，用人工搜尋幾乎不可能，必須用金屬探測器。為了儲放現場散落的機械零組件及機身、機翼等，必須購買六、七個二手堪用的海運集裝箱，併列於機場最遠的牆角，俾檢察官隨時就近查驗呈堂證物，以為未來分析機械或人為疏失的關鍵。

當時我真無把握，再三詢新航：「最多給我們幾天時間完成善後？」答稱：「總公司最大容忍度仍為七天。」至於費用，他們只說：「只要合理，沒有底限！」

最終，我們拚命日夜趕工，花了整整四天時間就完成了任務。在所有分包商的原始報價單上，外加我們整體合理的管理成數。能不辱使命為意外做出貢獻，就是我們最大的期望與安慰。

事後新航說：「我們深知沒有找錯人！」盡速讓桃園機場恢復正常，重啟國門，才是我們最大的期盼。非常感謝新航台北對我們完全的信賴，以及全體參與這項既棘手又榮幸的救援工作團隊。我們也為不幸罹難的死者弔唁致哀！

這也是四兩撥千斤，再度驗證寬廣的常識，才能有效地組織結合專業的知識，將不可能的任務，在極短時間內透過邏輯思維變為可能。

●第二十五篇 用錯小人遺憾多

　　人生難免犯小人，事情越多小人越密，總是躲在暗處帶給你難料的傷害及困擾，儘管常態，只怕暗箭傷人，吃裡扒外，防不勝防。故有人稱其為鼠輩，趁人不備挖你牆腳又在牆傾之前獲利走人。鼠輩日常難防於外貌又難料陰險於內在，成事不足但敗事有餘，令人很是無奈。

　　我一生中不乏此類在身邊，遇到僅稱是歷練，不屑多與糾纏，朋友笑我老吃虧，我倒認為一種米養百種人，是龍是鳳，是蛇是鼠，都有自己生存競爭之道，不與小人鬥，因了然而釋然，無暇與爭，拋下惱怒，忘卻懊悔，不再糾葛，闊步前行，人生苦短，免誤行程。說來好氣，一生都有，如影隨形！只有強忍嫌惡，我自橫刀向天笑……。

　　每一段時間總有小人在側而不自知，卻難捨用人不疑，疑人不用的道理。事實驗證，小人終究難得逞，卻也正打擊著自己用人取捨的判斷，其實這也是生存競爭，自然淘汰的道理。也正是老子所說的「道之尊，德之貴，夫莫之命而常自然」。

　　用人是事業發展中必備的條件，依組織與考核、教育與審視，來維護人倫秩序、賞善懲惡，盡其在我（Do my best）！

　　1988 年英國的達派貨櫃出租公司（Trafpak Services Limited）委我司代理台灣業務，因我司經營化學船略有成效，本地雖有

專業油罐車（tank lorry）服務，但不合單一客戶單次使用要求，於是我們協助客戶往國外尋找替代方案，英國達派公司有經營 HDPE 塑膠袋置於一般貨櫃中，對於液態食品與化學液化商品的單次運送，不但方便，價格又便宜。概念不錯，但使用複雜，清洗耗時，且市場不大，未幾，達派公司難以維持，轉售予另一家英國大型的專業海櫃出租公司 Sea Container Leasing。一日，我司承辦經理報告稱該公司董事長來台擬訪我可否？

巧的是，該司台灣經理竟是昔日海陸公司同事，也被我推薦在安興航業任職，最後對我恩將仇報的 Ted，他擔心我會當面拒絕他，特別先透過我司經理來電探我口氣，可否來訪。

老實說，他心裡有鬼，當然躊躇、憂慮。接近中午，遠來是客，Ted 陪這位董事長很客氣地與我交換了業務心得，並希望我們能繼續合作，Ted 坐旁呆若木雞，連話都插不上。何苦來哉，想當年他讒言惑眾、勾結內外，逼我離開安興，並誇下海口永遠不允我在台灣航運界生存，如今不知是懊惱還是後悔。中午時，我禮貌地邀請董事長共進午餐，並交待 Ted 自理，下午 2 點前回到會議室繼續開會，算是對他在安興時惡行的提醒。餐間我很真實地反映了我對代理 HDPE 袋業務的立場，原因是當時我司各項業務極其忙碌，而 HDPE 袋裝貨櫃回收出租程序繁瑣，利益空間極小，且都是單向貿易推展不易，董事長明白，也謝謝我的坦誠。

數年後，我往中國各分公司考察時，至南京分公司經理等陪

同，巧不巧中午進入分公司附近一家餐館用餐時，又冤家路窄巧遇 Ted 與兩人背對門而坐，見他口沫橫飛小人得志，我走過去拍他肩膀，他回頭見我趕緊站起身，漲紅了臉，低下頭口中唯唯諾諾不知說啥：「……」我說：「很巧啊！」我知道他當時討生活困難，避免讓他難堪我只說：「你坐。」就離開了。

回想 1970 年他與我同時考入美商海陸公司，八個月後我升調台中區經理，不數年他也升調台北業務經理，1979 年我辭職往美發展，期間他曾來美找我，我還親自駕車招待他同遊內華達州大浩湖（Lake Tahoe）及賭城雷諾（Reno），也談了許多人生未來的規劃等。當我於 1981 年在安興航運擔任執行副總時，聽說他因故離職美商海陸，而我也正為後續未雨綢繆，向安興董事長推薦了他，儘管董事長當下很不以為然，仍勉強同意。萬萬沒想到 Ted 覬覦我的職位，恩將仇報、勾結外人、顛倒是非、吃裡扒外，讓我提早離開了安興，也因此更激發我強烈的創業決心。但這種奇恥大辱，真是孰可忍孰不可忍。唯天理昭昭，時不過兩年，他德不配位，安興轉手，旋即倒閉！害人害己。

這位 Ted，小人的特例傷我至深，不是那不明不白的離職，而是無法維護既有的清譽。創業迄今 38 年，內外多有為非作歹、違法亂紀、偷雞摸狗之徒，多係貪得無厭，心術不正，也多因諒解人性而寬恕，予以勸導，仍執迷不悟則請離開。對於傷害我多嗤之以鼻，對於所為也不予深究。在公司做事必有其絕對的對錯

分界，因人而異也只有相對的善惡依歸。唯獨我仍深信善良忠厚必有福報。

第6部

參與公益

●第二十六篇 榮膺公會理事長首訪中國

　　1995 年個人繼台北市海運承攬運送及物流商業同業公會監事三年後，再度高票當選三年的理事長，當時有一千多家會員公司。期間不但顯著地提升了本業的社會地位，也在國際組織中突顯了我會的地位，更首次帶團赴中國考察並邀請上海及南京的貨代協會來訪，首創兩岸同業的交流，並奠基了逾 30 年兩岸經貿起了翻天覆地的增長，由 1995 年進出口總金額美金 178.8 億，增至 2021 年的美金 3283.4 億，並創下美金 1700 億以上的順差。相比同年美台貿易逆差為 402 億美元。兩岸貿易依百業交通為先的帶領，居功厥偉，當之無愧。

　　因擔任理事長任內績效良好，甚獲好評，並盡心盡力推動相關會務如下：

　　（1）對運輸領域從業人員的教育訓練極為重視。持續 30 餘年來不遺餘力地闡述，並與時俱進的推動「國際貨代及物流相關的整體概念」，加強從業人員的認知及認證的培訓。自始就以爭取我國加入國際貨運代理協會聯合會（FIATA）之會員為首要任務，當時亞洲僅新加坡、台灣，印尼是會員而已，我同時取得 FIATA 合格的培訓講師的證書（Train-the-Trainer Certificate）。

　　（2）適逢兩岸開放未久，任期內首次組團，帶領 20 餘位公會理監事到中國做破冰之旅，拜訪南京、上海等協會及公務部門，

深化彼此相互的了解、溝通產業的特性及未來共同發展的方向，也邀請對岸 40 餘位同業來台進行廣泛的交流，開啟了兩岸相互長期合作的契機。

（3）為了提振海運承攬物流業，在「亞太營運中心」扮好應有角色，並加強主管機關對本業在整體國際貨物運送軟實力的功能、機制與發展前景的認知，以爭取擴大營業範圍，並改進兩岸旗籍的認證問題，加速兩岸三地的互動等，也多次舉辦交流研討會。

（4）1997 年 7 月 22、23 日，我連續在專業媒體上撰文，針對政府開放我業外人投資比例的問題，籲請當局避免壓縮本業生存的空間，並提出八大建言。強調在邁向建設台灣成為亞太營運中心的艱辛路途，及尋求公平加入「世界關稅及貿易組織」的掙扎過程中，本業將以國際海上貨物運送人的身分，遵從政府既定政策，並配合相關措施，以期達到協議、談判雙贏的目標。請政府務必要與業界共同審度國內外產業相關專業情勢及未來發展，以期維護整體利益，並提升總體競爭力。

（5）當年政府正擬推動「亞太營運中心」，我曾受邀在立法院舉辦公聽會；也到亞太營運中心籌備處與小組負責人、理律事務所的劉律師深談，尤其本業 FIATA 的提單等文件可迴避諸多限制，面對剛開放的中國市場有著極大的襄助與互助發展的空間。盡管當年亞太營運中心對於貨代物流業所代表的貨物運輸軟實力

所知缺乏，我仍在媒體撰文疾呼，提出我對設立亞太營運六大中心中關於海空貨物運輸中心的前瞻想法。不幸緊接著李登輝的戒急用忍政策阻撓，扼殺了創造台灣的第2次經濟奇蹟的大好機會。令人扼腕！

當年高雄及基隆兩港集裝箱吞吐量分列全球最大第四及第七名，2021年中國港口集裝箱在全球前20名中就佔了17個，而基高兩港早已落後於50名之外了。其中載運貨量的比例85％是透過貨代物流業所承接處理。其時中國的貨代物流業剛啟蒙，如果當時依照我的建議，以貨代與物流的功能為主，配合中國將所有進出的貨源集中於基高兩港，一部分做轉運至全球各地，促進中國貨暢其流、加速經濟發展，而將台灣的亞太營運中心優勢分享兩岸，同蒙其利；另一部分落地台灣做專業多層次高附加的加工，以提升台灣的產業功能進入世界高端製造中心，則台灣經濟奇蹟良性循環將持續發生，而不致絕大部分仍落入西方超大型的國際貨代物流集團之手迄今，並抑制了兩岸貨代物流共同走向世界發展的絕佳機會，更令人惋惜的是，台灣的第二次，甚至第三次的經濟奇蹟因而落空。

鑑古推今，當下忽視正確知識經濟的概念，將難抵因民粹政策的誤判所導致整體經濟無法彌補的損失。

（6）我仍持續在全省各大專院校講授國際貨代物流專業課程，並分析國際情勢與本業的相關，也受邀至交研所及港務局等

政府相關單位分享產業的特
性與概念，期能深耕並普及
國際貨代物流的概念，融入
現代經濟百業的發展中。

　　個人能力有限，在面對
鋪天蓋地嚴酷的全球產業生
存競爭之中，聊盡一份從業
人員的天職，對國家人民盡
一份義務，並對產業永續經
營提出正確的呼籲，方不失
其對民族的中心思想。

1999 年，作者（右）參加首屆滬港澳
臺四地貨代研討會。

參加 FIATA 在職講師訓練

　　國際貨物複式運送聯盟（FIATA）是全球最大非政府的國
際貨代物流及相關的聯合協會（Federation of freight forwarders
Associations），在全球 150 個國家代表著五、六萬家公會／協會
及貨代物流公司（freight forwarder & logistics providers），以及超
過 1200 萬以上的從業人員與各國政府、相關產業，協商制定國際
貨物運送之法令條款，並為非政府組織的龐大機構、為維護業者
及國家地區相關組織之間，找出共同最大的利益做協調，也是聯

合國（UN）、世貿（WTO）、國際商會（ICC）等國際組織最重要的國際貨物交通及運輸最重要的咨詢單位。

在我理事長任內，為提升本業概念認知的素質，經過縝密的準備，並通過 FIATA 嚴格的面試，正式接受了我公會申請加入為會員。自此我即透過 FIATA 各種機能，全力落實持續推動職業教育訓練（vocational training program），期能從教育根本做起，確立產業的國際概念及國際觀與世界接軌，嘉惠個別業者及整體產業，更於 2007 年特別邀請 FIATA 國際職業訓練諮詢委員會（ABVT）主席新加坡籍的沈健利君，專程於 4 月中蒞台，為本會講師們作密集做 40 小時教學、3 小時的「講師訓練」課程及考試，個人亦為授課員之一，特分享此次參加的感觸及建議，就教於同儕業界與相關賢達。

沈君風度翩翩，學富五車，自不在話下，尤其態度謙和，內斂而踏實，不僅代表其個人，更展現了星國的潛力無窮，也代表 FIATA 對世界各國貨代與物流在職業教育訓練上的專注與要求，俾整體能符合國際的標準。沈君已在全球十數個以上的國家及許多大學設立 FIATA 講座及教育課程，此次來訪，我們備感榮幸。

除了密集豐富的課程之外，更令個人感觸良多的是，如沈君與星國同儕都是學有專精且身教言教，不計個人得失，兼顧歷史使命，不僅在國內設立產業的高標準，也自願帶動全球作教育紮根的工作，這種熱誠與胸襟，怎不令人動容而欽佩。

就此次的「職業講師訓練課程」，我有兩個感觸及兩個建議，分述如下：

＊ 兩點對課程的感觸：

（1）課程內容是密集的 40 小時七大課程，由原則（principal）到評估（assessment），前後呼應、一氣呵成而新穎的教學方式，完整也脫俗，全程英語巨細靡遺的教學方法（pedagogies），令人驚艷又充實，整體內容深入淺出，教員豐富的產學經驗，與富有創新的課程，交織而發出審思的空間，反觀當下國內現況令人憂心，對於職業教育的價值在於知識（knowledge）與技術（skill）的結合，即時透過實行（implementation），才能創新，並發揮經驗（experience）的傳承。國內產業迄今尚無系統的設計與概念的整合，盼能趁早透過我會 FIATA 教育小組擬定的訓練課程與教學及政府相關結合，期使本產業能夠面向世界真正紮根，以因應未來世界經濟結構快速的變化，輔助各商品有更高附加價值，以增強全球競爭力。

（2）是教學的影響，雖然他山之石可以攻錯，但更彌足珍貴的是，要有觸類旁通的自覺與能力。藉由教學的過程，凝聚國內產官學共識，並共同坦誠面對當下國內產業整體的困境及未雨綢繆的準備，更為進一步整體架構的可能預留空間。任何歧見或敏感都在坦承面談過程中消弭。其中更多的弦外之音，也能激盪出難得的空谷足音，發人深省。

＊兩點對產業的建議。

（1）本業提供客戶的服務，包括海運的「港口到港口」、空運的「機場到機場」，之外加上相關的報關、倉儲、物流及所有內陸所需要的任何服務在內……，不是單獨運費的較量。當面對全球經濟貿易分工越細，我們服務的內涵也要就越豐富。所謂的門對門的服務（door-to-door service）、供應鏈管理（supply chain management）、全程運輸解決方案（total transportation solution）、第三方及第四方物流（3P & 4P logistics provider）等，都是貨代物流服務的延伸……，也都是整體國際貨物運送客製化服務的不同型態。這才是本業真正的職責與功能。

但就本業目前的政府主管單位歸屬於交通部，似乎妾身未明，因為本業是國際貨物運送的服務管理業，不同於交通部所屬運輸工具產業機能的雷同管理。按服務的內涵，本業則包含了可能分屬於交通部、財政部、經濟部及其他部會……，如此將產業管理做切割、混淆，當然就會失去它整體管理的價值與意義，更將造成產業發展的滯礙及落後，還有產業人才的斷層及競爭的稀釋。

政府對各產業的管理其功能在於領導與輔導。交通部對本業而言，既無法領導也無從輔導，因我業並不實質擁有運輸工具而專注於國際貨物運送全程的設計、組織、整合、結合、管理和服務，為增加商品附加價值的極致化，純粹的軟實力，也曾多次與

2014 年，作者應交通部交研所之邀演講。

交通部及財政部（貨物進出的關務及倉儲）等反應建議，卻都杳然，只有自求福而夾縫中求生。

　　參考諸多先進國家，政府對於貨代物流業的管理多採開放的政策，也就是一般商業的登記與管理，而非特殊行業執照管理或納入國際工商外貿系統，反而屬性務實。至少不致牽連已有所屬運輸實體的管理或倉儲關稅的限制與重複。

　　當今世界國際貨物運輸早已分為兩大主流：（A）國際貨物運送的實體，如貨船（港口至港口）、貨機（機場至機場）的運送服務；（B）國際貨物運送的管理，如貨物由產地至目的地貨

架的相關全程管理與服務。易言之，功能責任既不同，管理權責理迥異。

引星國政府配合業界的要求為例，除了正視對產業的領導及輔導，使其更符合國際經貿不斷更新的趨勢與要求之外，更實質支持產業教育的推廣。為了全面提升整體產業的品質，除了知識，更設計了全產業相關的實際操作，甚至在同一場所予老手及新手共同相互觀摩、交換意見，即使如起重機或堆高機的操作，親身體驗以提全面的內涵及標準……，見微知著，足堪借鏡。

本業既是以整合貨物運送的貨代物流及其相關服務業，應屬一般商業管理，其功能與目的在提供整體經濟的質量提升，並增加其相關的附加價值。政府應捐棄成見，並責無旁貸地重視聯合國（UN）及國際商會（ICC）所認可的全球貨物運輸最大諮詢單位 FIATA，透過本會所楬櫫的全球貨代物流適用的教育課程之推展，積極輔導各大專院校相關科系與產業界的建教合作，朝正確且持續的潮流發展，不致使這個軟實力、無遠弗屆的明星產業遭到窒礙，徒使其提早歸入夕陽產業之列。

（2）是學術與教育。大專職教既是產業的根基（foundation）、實驗（experiment）及概念（concept）的塑造，也是對產業的研發及創新（R&D），尤其對產業概念的正確認知及培訓。過去的教育多少帶些無形的威權框架，反而遏止了後進思維的啟發與突破，尤其因應國際經貿千變萬化的需求及改變，更需要教育去吸

取產業本身的實質經驗以及全球的創新實例，予以蒐集、彙總、整合、分析及對照，做成有效施教的材料。儘管產業的進展，在時間上有落差，造成「學有先後」的權威與產業「術有專攻」的混淆。所以教學相長是必要的，同時與業界共同參與 FIATA 國際會議或論壇等謀取共識。

教育最怕脫離現實，尤其是職業服務教育，如何在既有的教育框架下，與業界保持開放的對

2007 年，作者取得 FIATA-IOFFLAT 教育訓練講師證書。

話及務實的切磋，是當務之急，使學生的畢業與未來的就業及早接軌，既不致浪費社會資源又可使學生對畢業即就業深具信心。

我雖通過緊密的學習和嚴格的考試，取得了首張由 FIATA 頒發的培訓講師證照，但是仍持續全球學習及增加工作經驗，未曾稍懈，更冀盼同業前輩與後起之秀共襄盛舉，參與產業教育，才能真正共同面對全球不斷的競爭與挑戰。

（台北市海運承攬運送商業同業公會理事、台北市航空貨運業同業公會監事暨台北市物流協會理事涂鄂良寫於 2007 年 4 月 22 日）

●第二十七篇 參加莫斯科 FIATA 年會

　　國際貨運物流代理協會聯合會 FIATA 於 1926 年 5 月 31 日在奧地利維也納創立，乃是聯合國（UN）全球非政府機構（NGO）的貨物運輸的最大專業諮詢單位，並與國際商會（ICC）、國際貿易組織（WTO）、世界海關組織（WCO）等共同商議，擬訂國際經濟貿易發展中相關國際運輸的條款及規則。

　　台北市海運貨代與物流商業同業公會，在我理事長任內於 1997 年首次正式取得 FIATA 授權本公會的合格教育訓練教材，授予在職學員 240 小時的持續課程，參加考試及格即可取得同等 FIATA 國際認證資格。數十年來，取得認證的從業人員數百名，提升了國內產業對國際貨代物流在國際經濟貿易總體概念認知與服務的需求。

　　2005 年 FIATA 國際年會於 9 月 11 至 15 日，在俄羅斯的莫斯科世界貿易中心（Moscow WCT）召開，個人代表公會參加。大會鑒於最近十餘年來，國際經濟貿易發展有了結構性的改變，對於國際貨物運輸的模式也早超越了各國既有的瞭解與規劃，FIATA 不遺餘力地提升從事國際複式運送貨代及物流業者，共同以國際貿易新概念的認知與實質貨代物流服務的素質提升，為本次大會的主要訴求，並呼籲盼與會者以滿足當前繁複及前衛市場的需求為己任。也始終認定教育乃是產業發展最重要的基石。我

深有同感，會後返台，即與公會同儕研擬修改教材，並增加課程，以符合世界的需要。

對於職業教育訓練計畫（vocational training program），早在 2005 年年初 FIATA 即致函各國及地區的公會及協會（National Association），前所未有地作了理論上、技術上與實質上的增修，按照大會前一年通過的主旨、各國及地方的現況修改或增列教育訓練的內容。

2005 年，作者參加莫斯科 FIATA 會議，各國代表爭相合影。

本會教育小組接獲總會來函後，隨即積極地召開多次的教育小組會議，並廣邀國內的專家學者與業者共同商議研討，分頭改寫既有的教育課程內容，並按聯盟的要求確立教育課程的時程表，並將上課時數由初期的 90 小時增加為 204 小時後，復因全

球經貿更迭及需求，再增至 240 小時一期，以涵蓋整體國際貨物運輸的相關環節及解決方案，以符合世界潮流及電子商務的實質需求，其間個人私下曾兩次親往新加坡觀摩取經，學習新的教學觀念與技術。趕在 FIATA 秘書總處（Secretariat）新年度的再審核（re-validation of training programs）截止收件前，送件候審（interview）。2005 年的國際年會，除了對已取得認證資格的國家及地區會員（National Association）作再審核的認證授權（renew certificates & authorization）之外，也一併初審新會員的教育訓練計畫內容。我最念茲在茲的是，我會二度再審及物流協會的初審，所幸同時獲得莫斯科大會的認證通過，可謂雙喜臨門，今後兩會將更加珍惜此一得來不易的殊榮，並為整體經貿提供合宜的服務。

此次，個人對蘇聯解體之後俄羅斯的陌生與隔閡產生了好奇，又因世界四大金磚國（BRIC）的經濟潛力產生了憧憬，也藉此廣泛地觀摩學習與會各會員國的差異，藉此提出一些個人的淺見予分享。

1. 莫斯科，一個既陌生又讓人提心吊膽，有 1200 萬居民的大城市，給人的感覺是社會不夠明朗開放，給人的印象是想闊步向前，卻掙脫不了舊官僚體系的束縛。地鐵四通八達，聞名全球，地下活動比地上更活躍，恰如其分的反應其社會結構的顧忌與不平衡。俄羅斯擁有傲世的豐富天然資源卻多掌控在少數的權貴

之手。國家既要負責維護數世紀沙皇宮廷榮耀的歷史、藝術、文化、建築、舞蹈、音樂等龐大的遺產及維持國防軍力，還要忍受冷戰所遺留下來的寡頭獨佔非民生企業的困頓。人均收入極低。當 2003 年世人稱未來金磚四國（Brazil、Russia、India、China）的經濟發展，將於 2050 年前擠進世界最大經濟體，普京自 1999 年底接任總統職位即致力於改革俄羅斯經濟，聲稱將於 2027 年超越德法，他大刀闊斧、雄才大略的改革，將政經分開而多關注提升 1 億 4500 萬人民生活，俄羅斯勢必仍將居美中蘇世界三強之一。

二次戰後，俄羅斯與美國的冷戰促使武備太空無限制的競賽，造成經濟蕭條、民生凋敝，終至解體，原聯邦 15 個邦聯共和國各自加入歐盟或北約，之間的新仇舊恨必然相互對立傾軋，走筆至此正好是 2022 年初，美國決定阿富汗撤軍倉促失敗，再繼續慫恿烏克蘭加入北約，又刺激了俄羅斯好戰民族不可辱的底線，終於再度促成俄烏戰爭持續自 4 月初起至今，仍在越演越烈中，持久戰也許有利於俄羅斯的一勞永逸，有形的經濟損傷最大的受害者是歐盟，無形的長遠最大傷害恐怕是美國的威信，中國則按兵不動，藉韜光隱晦、養精蓄銳，保存了為走向世界超強國做準備的實力。

2. 許是經驗缺乏或是民性使然，2005 年俄羅斯舉辦 FIATA 國際會議，首都莫斯科主辦單位顯得大而化之，無力而紊亂。國際入境機場空間狹窄又缺乏效率，既無明確標示亦無接機安排，旅

館、餐飲、taxi 貴到嚇人，會場在世界貿易中心（WTC），灰色龐大建築，除了大門門首懸有「2005 年 FIATA 年會」英文字幕外，其餘一切俄文，既無色彩也無裝潢。倒是旅館及會場進出口都有金屬探測器及不厭其煩的安檢，戒備森嚴讓人既憂又怕，顯然國安信心不足。多數與會者數月前即預付了旅館費及機場接送費給主辦單位，卻遲至離境前一刻才付清，令人不解，更是不便。我與同仁結伴出了海關，不見接待與標示，直呼 Taxi 卻是語言不通，只見一位熱心當地人趨前代為與司機溝通，至酒店 30 美元上車前錢先交予他，上車後他轉交司機 10 元，另 20 元落入自己口袋，只因他會說英語。

3. 中國在此次大會中給予主辦單位極大的支持，一則是中國的經濟貿易發展突飛猛進，也肯定國際複式運送及其聯盟組織的認知與需求，二則是上海將接手舉辦 2006 年的 FIATA 年會，來此取經，也有投桃報李的期盼。令人刮目相看的是中國地大人多，與會者 66 人，卻井然有序，在同一旗幟與協會（中國貨代協會）運作之下，代表整體不分彼此，為維護整體榮譽及國際觀瞻，展現了不凡的氣度與強烈的企圖心，反觀台灣三人兩會（海空運與物流公會），完全未受到政府有關部門的青睞派員隨行瞭解如此深受國際重視的全球性會議，令人不安也不解。在會場，許多外籍與會人士多人詢我攸關中國已於 2001 年 12 月 11 日正式獲准加入世界貿易組織（WTO）的看法……，我只有據實以告（WTO）

批准中國入會已嫌晚了，因鄧小平 1978 年提出以經濟為主的「對內改革，對外開放」政策迄今 23 年，中國的發展有目共睹，早已是全球最大的應用市場（Applicable real market），如今應是（WTO）加入了中國，中國將有實力制定世界貿易的遊戲規則。

4. 百年前，貨代物流業源於奧地利，發展於西歐及美國先進國家，迄今凡執本業牛耳的超大貨代物流集團公司，為了自身市占率，已在全球各地如火如荼地進行著合併（mergers）、併購（mergers & acquisition）與重組（restructure），為全球生存競爭驚天動地的大演化，然而亞洲業界，除了星國與日本跟隨，卻仍多停留在傳統概念與中小企業的階段，只有被動地隨著國際間結構性的變化做自救與因應，在沒有國家政策整合帶動之下，是無法跟上瞬息萬變做該有的因應。這種商業上的快速蛻變，在歐美先進國家已屬常態，肇因於他們的社會文化思想與經濟政治法律整體認知上是相互關連，而且架構與規範上趨近標準化及法制化，再加歐美思想較開放也具彈性。

亞洲各國市場的結構普遍是較複雜也多差異的，再加上風氣保守，以及寧為雞首不為牛後的執著，只圖生存，不思改變……。近些年雖然因中國崛起帶動周邊的提升，在某些領域確實走上了改變的風潮。但就本業而言，至少在台灣尚不真正具備產業完整的思維。這也正是我不遺餘力持續推動 FIATA 職業教育訓練課程的主因，也總在每次開課首堂的 9 小時課程中，一再苦口婆心分

享論述概論（general concept）的重要，也大聲疾呼政府與民間理
應同車同軌地發展整體貨物複式運送，俾百業得以加入公平的世
界經濟競爭中。

　　國際經貿貨物運送不再是單比運價高低的競爭，而是要具備
應有的服務內涵，提供客戶更具增值能力的服務……，唯有全方
位功能的服務，才能符合全程及完整的需求。其關鍵就在貨物運
送的設計（design）、組織（organize）及管理（manage）要一氣
呵成，才能呈現出它實質的價值（substantial value）。無論運輸資
產硬實力（hard power）或整合結合全程的軟實力（soft power），
都是整體國際經貿競爭的關鍵。

　　運價本是船公司及航空公司的主要收入，但客戶為了併裝集
貨（consolidation）才需要貨代物流的功能，因此，貨代物流直
接面對客戶，針對客戶的需求提供完整服務，才是本業的專業與
價值。一個更寬廣、更精準、更細膩、更特殊……的服務，才能
讓客戶能享受到專業、獨特及客製化的全程服務，得以讓客戶專
注於其本身產品的研發（R&D）、製造（manufacturing）及銷售
（marketing），心無旁騖增加市場競爭力，才是我們共同的期盼。

　　因此政府必須站適合的主管單位及立場，針對本業軟實力的
認知、歸屬、指導、輔導等要有一貫的思維及有效的方法，勿以
疊床架屋的方式做不當的歸屬及管理，徒使產業碎片化，造成競
爭的困擾與發展的隱憂。

5. 靜觀歐美超大業者的擴張，除了貨代物流業者外，又如德國郵局併購如 Danzas、DHL、Air Born、ASG AB 等數十家國際大型的業者；荷蘭郵局併購併購 TNT、Bleckmann、Wilson 等；法國郵局、比利時郵局、瑞典郵局、美國郵局等均在做相同業務的延伸，跨足國際貨代與物流業，從而提供了客戶小至郵件包裹大到機器整廠設備，無所不包地形成全球貨物運輸供應鏈（supply chain management）的寡占局面，導致超大型公司的服務逐漸陷入制式化及規格化，而缺乏客製化這個空間，方造成中小企業用專業與專心找到發展的契機。

6. 我始終堅持教育與溝通才是阻止惡性競爭，確立產業發展的基本的條件。喬為產業公會前理事長及 FIATA 認證培訓師的培訓，除了恪盡職守參與會內及會外（各大專院校及公務部門演講、教學、分享、溝通）之外，也不忘在媒體上呼籲政府重視、扶持、輔導本產業的提升與管理，並呵護市場合理競爭。不合乎規範常態的競爭，就是惡性競爭，就是從根本上扼殺了產業的根基。

明確的產業教育概念，才能提供從業者清楚地認識產業的由來與未來、內容與含義、管理與發展、改進與創新，要自律律人，還要相容並蓄。外在的競爭與打壓已然使我們招架乏力，唯獨消弭矛盾、增加互信及分享產業資源，才能強化我們共同面對外來的競爭，保持國人傳統的人性本善、盡其在我。這種軟實力正是四兩撥千斤最真實的寫照。

時代不斷的進步帶來新的概念及新的技術，無論軟／硬實力都必須在新的商業模式中注入新的生命。寄語相關共同建立公共溝通平台，共享資訊、互通有無、教學相長。也懇請政府相關部門重視「百業交通為先，溝通萬事為上」的真諦（true meaning），既主導也呵護。

　　一趟短暫莫斯科之行、一次 FIATA 年會，雖具表象卻不失其豐富的內容。為自己留下的不僅是紅場的雄偉，更是細膩的感觸，也牽動一份憂心。

　　莫斯科肯定會逐年進步，倒不知我們產業的前瞻與政策何如？ 2006 年 FIATA 年會將在上海召開，我期待 FIATA 因中國的崛起而更重視亞洲。

　　（瑞可運通集團董事長涂鄂良寫於 2005 年 9 月 24 日）

●第二十八篇 授課分享正確的概念

多年來，我廣泛地接觸實務與理論，也經常與同業、代理、客戶及協力廠商在全球做務實的探討切磋，累積了相當的經驗及案例，並經常與人分享。我始終認為溝通與分享，是人類文明進步的動力，也是為人處事應有的基本態度。深信溝通才有價值，分享必有力量。而正確概念的溝通與分享才是價值與力量的結合。

除了公會持續每年至少開辦兩期 FIATA 職業訓練課程之外，我還不定期在交研所、公會及各大專院校兼課或演講，也常在報章媒體寫些心得，總希望藉由不同的管道與層次去溝通及分享這個攸關全球經濟不可或缺的貨代物流整體概念，冀盼藉此喚起政府與民間的共識，才有利於未來整體經貿的發展。

提到溝通與分享，記憶很深的一次是在 2003 年 9 月 10 日受交通大學管理學院交通運輸研究所之邀，去分享「貨代物流與全球運籌」，這是交大 EMBA 的重要課程之一，上課地點在北門老郵局樓上交大第一教室，時間從 19：30 到 22：30，座無虛席約有 50 位同學。上課前教授先做介紹說：「今晚我請了位高手來授課，希望針對國際貨代物流和大家一起討論。講義上有他的簡介。」而台下的同學有幾位熟面孔，其餘大部分都陌生，主要因我在國際間的接觸要多於國內，在國內我反而行事低調。

我創業相對較晚（40歲），先在船公司及國際貿易公司歷練16、17年，對國際經濟商業及貿易的認知較比透徹。這也是當初離開海陸公司未直接創業，而是選擇先到美國為人作嫁，經過五年的國內外不同行業的磨練，才略具務實的國際觀。也因此，在創業初即確定前往世界各地直接尋求優質的代理，而避開在台灣與同行做無止盡的爭食。

　　整整三個鐘頭的課，由起始的冷漠、好奇到稍後熱絡互動，讓教授與我都大感意外，時間已超23：00，但熱絡不減，意猶未盡，直到工友敲門說他要關燈了。教授才說時間太晚了，就請推舉一位代表提出對這堂課的感想。一位滿頭華髮高個子的帥男士站起來問我：「涂老師，你認得我嗎？」我說：「對不起，我不認得。」原來他是服務華航超過25年最資深的副總裁，也是這個班的班長。我說：「哦！失敬！失敬！」當年船公司、航空公司為數不多，服務概念多在掌握艙位的分配及運價的調控，優越感自是難免。

　　這位副總裁緊接著說：「你剛進教室的時候，教授說你要給大家上課，我還在納悶，你能帶給我們什麼課？沒想到僅僅三個多小時，你拿著電筆在PPT上揮來揮去好像凱薩大帝在揮舞著劍！著實嚇人，不過內容確實非常精彩，都是不曾聽過的新概念。」他看看其他同學都點頭就繼續說：「以前我們對貨代物流業，都認為只懂得在客戶及載貨者之間兩邊討好，也製造矛盾、

佔些便宜，賺些差價罷了，所以我們私下戲稱你們是打不死的蟑螂……。」只聽同學們都竊竊私笑……。他又說：「但是現在聽了你的課，突然發現概念上有了完全的改變，從今而後我們將對貴產業另眼看待了。」他還繼續說：「你把這個產業的概念與功能說得非常清楚，這是過去我們不曾聽過的，原來貴產業不但有它應有的服務功能直接面對客戶，替我們為客戶延伸了服務，還為他們解決了問題，直接的說，你們反而有如我們的衣食父母才對。」不全然也不為過，我真有點受寵若驚。

他說他謹代表全班同學，向我及貨代物流業獻上最高的敬意與感謝。話一說完，全班同學報以熱烈掌聲，讓我相當感動，正確概念的分享，果真能在極短時間內扭轉外界對我們的誤解轉而受到尊重，此後不再是蟑螂了。

●第二十九篇 創立南天扶輪社

　　我自幼深受家父儒學的影響，進入社會也奉行並深信「重義輕利」是經商營利的最佳指標，所以很早就加入社團服務，冀結合社會菁英，共同為社會弱勢做些政府力有未逮的服務或濟助。

　　曾經參加過青商會（Junior Chamber International）、獅子會（Lions Club）、美生會（Grand Lodge of Mason）等，終因年齡的限制及理念的不同而相續離開。1996 年經南海扶輪社 PP Peter 熱心的推薦而加入了國際南海扶輪社（RI Taipei South-Sea Club），迄今仍熱中於國際扶輪社的宗旨、考驗，及其不分人種、地域寬

2002 年，作者主持南天扶輪社創社典禮。

2002 年，南天扶輪社創社酒會，作者（右一）邀請恩師嚴伯勳及師母蒞臨，倍感榮幸。

廣落實的國際人道服務和在地無分黨派的社會服務而孜孜不倦。

2002 年經母社南海扶輪社 CP Art 的鼓勵與支持，創立了國際南天扶輪社（RI Taipei South World Club），成為創社社長（Charter President）。由於創社，我深知是重責大任，所以排出整整一年半的時間留在台灣而無法出國洽公，並藉此利用晚間及週末時間，修完了阿拉巴馬州立特洛伊大學（Troy State University）遠距教學的碩士學位 EMBA，學期結束前，往校本部上最後一個學分，並參加結業考試及畢業典禮，在該屆同學中以第三名佳績畢業，讓我深以為榮，當年我已 58 高齡，並受邀接受當地電視台專訪。

南天扶輪社轉眼已屆 20 週年，在歷屆社長、社友及寶眷的共同努力下，做了無數國內外上山下海的社會服務，在不勝枚舉的服務當中，都讓我深受感動的是，這些社友及寶眷夥伴們都是事業有成的社會菁英、產業翹楚，他們不計代價的付出、不顧毀譽的承擔，真正體現了儒家的重義輕利，對所有的付出都無怨無悔。

創社之初，我與社友之間幾乎是完全的陌生，為了增進彼此之間的認識與了解，我特別在每週例會的社刊上，刊出我的極短篇〈每週百字〉。字數不多，三言兩語盡是表達個人內心對周遭的感觸及社內的活動，以饗社友並歡迎點評、引發議論，增加社友之間的互動。迄今 20 年未曾間斷，期間於 10 年時集 500 多篇成冊《百字凝思》，在扶輪 3520 地區廣為傳頌，今年適逢 20 週年原擬再予出刊，但這兩、三年的疫情及世界局勢動盪迄未如願。

在近千篇的「每週百字」選幾篇予分享：

人生歸途

歸途不需要藉口

不歸才需要理由

走著，走著就會忘形地走向歸途

盼著，盼著不覺開心地邁向回程

回首來時路既無憾亦無憂

雙眼迷離有思念也有牽掛

漫條思理走向人生遠方來時路
理直氣壯奔回人生曾經的原點
只要一秉初衷何須遷就其他？

昨日

既遙遠又咫尺的日子，有過榮耀，也有羞澀，
有過歡愉，也有悲傷，
懷念又怕心傷，忘懷卻難割捨。昨日恩怨，今日是非。
歷史功過現實的算計，過眼煙雲，轉眼成空，
積非成是，春夢無痕、
人生總是無常，回首多怕傷感。輪迴無常，珍惜當下。
南柯一夢今日卻又昨天 ……

誠意

看不到的真倒充滿著誠，摸不著的心有十足的意。
不如送禮那般華麗真實，倒似磐石那般質樸不移。
沒有花言巧語錦上添花，唯獨肺腑之言暮鼓晨鐘。
行事風格不見虛情假意，實事求是沒有花拳繡腿。
祭神拜佛在手心誠則靈，為人處事交友誠意二字。

遊蘇州勤政園

百年蘇州園，藝術別有天。炎黃古遺產，凡人視作仙。
想當年，朱門豪宅酒肉臭。卻今朝，雕梁畫棟展古樓。

清風戲荷塘，巧手弄垂楊。小橋流水處，遊客羨鴛鴦。
奇山抱老樹，嶙石繞迴廊。幽徑有文采，紅櫻雪梅香。
詩畫留情處，低首蕩迴腸，春秋飄揚時。能有幾多狂。

台灣

寶島台灣，四季如春，蕞爾小島，叢山峻嶺，
平原丘陵，海灘淺水，綠樹紅花，蟲蝶鳥魚，
環境優美，自然和諧。
溫馨台灣，人文素質，多族共融，淵遠流長，
物產豐富，教育普及，溫文儒雅，科技發達，
民情敦厚，社會安定。
錯非惡鬥，此乃人間仙境
要非貪婪，當然世間樂土

台灣海峽

地理上的名詞卻成歷史上的傷痕。

浪靜時是溫床，孕育繁殖億萬生靈，

浪凶時是墳場，埋葬冤魂民墜塗炭。

兩岸追根究底，一脈相傳，飲水思源。

面對列強挑釁，分裂民族，豈容自圓。

共有，共治，共享，均享資源，重建中華。

安定，安平，安心，和睦共處，扭轉乾坤。

秋夜送別

楓葉紅，幾度秋，漫漫夜，幽幽夢，莫相送，望星空，
繁星點點來相送。

花一束，問行蹤，深深眉，汪汪淚，訴情衷，誓山盟，
情話綿綿雙眼紅。

入海關，登機橋，濛濛眼，揮揮手，上雲霄，無影蹤，
相思重重邀人痛。

望秋水，倚門盼，念從前，聲聲歎，茶不思，飯不想，
來去匆匆一陣風。

緣份

芸芸眾生能相逢而無由，人因緣而際會殊為難得。

器有邊，人有緣，相遇原是天意好自珍惜，

雲從龍，風從虎，際會必是機會請你把握。

有 "緣" 當要有 "份"

都深知 "緣" 非你我所自選，要維持 "份" 才能相互到老。

"份" 就是互相的歸屬感，雙方的責任心，這就是緣定三生。

人心

人心有多大，宇宙就有多大。

心思有多深，海洋就有多深。

心有思念無論在何方都可以咫尺，

心若虛幻無論有多蠢都可以無涯。

有心，可以天涯可以海角，

無心，哪在乎春風或秋雨。

人心難測，難收，難求…

人心易懂，易放，易與…

日久人心見患難，真情路遙知馬力。

故鄉的雲

每個人都有其來有自的故鄉，心深處也必然有那樣的白雲。

故鄉有多遠，白雲就多深。故鄉有多近，烏雲就多沉。

世代魂縈夢牽的地方，總有臍帶血源的相連。

如今白雲蒼狗在天邊，當下世事無常有變化。

故鄉的雲有著祖先的魂，故鄉的雲藏著遊子的淚。

南天扶輪社的社會服務

　　國際扶輪社（Rotary Club）成立 117 年以來，以增進職業交流及提供社會服務為宗旨，透過全球 168 個國家，約 36650 個扶輪社及約 125 萬扶輪社友在全球默默地行善天下，服務地區，輔助弱勢，救災撫難。南天扶輪社秉持宗旨，20 年來每年都有國內國外的社會服務計畫。在數以百計的社會服務項目中，容我簡單介紹以下四項：

　　（一）、舉辦兒童電腦圖文比賽。

　　自 2002 年創社，社友們即認定電腦必然是未來社會通訊交流不可或缺的知識與工具，感認越早讓孩子們學習了解越是有必要，於是「兒童電腦圖文比賽」的構思，期藉著「寓教於賽」的方式來潛移默化。當時中小學生對電腦教育尚在萌芽階段的初淺認識，我們決定持續性的舉辦「南天扶輪電腦圖文比賽」的初衷，廣邀台北市各中小學生參加，並盛邀大專院校的專業教授及老師為評審委員。經初選與複選，最後決選時選擇具有數百台電腦教室博愛小學校，舉辦盛大的決賽及頒獎典禮，每屆都有數千人的參加，經篩選出百餘佳作的學生與家長及老師們共同參與，盛況空前，參加決賽的選手按名次先後，人人都有優勝獎品及獎狀，形成當年地方的盛事。一直以來受到台北市教育局、台北市學生

家長聯合會、台北市教育關懷協會以及社會賢達人士的重視、協辦、支持與鼓勵，沒過多久，參加比賽的學生已擴大到全省、外島及大陸台商子弟。

這兩年雖有 Covid-19 新冠肺炎及 Omicron 新冠病毒變種影響，不允群聚，我們仍設法在線上如期舉行，藉此也介紹了當下新科技的類線上線下（O2O）實境的比賽，讓比賽的學生愈覺「寓教於賽」的型態與時俱進、趕上潮流，主辦團隊在 Steven 博士精心規劃與全體社友、寶眷參與下，將持續有效地舉辦下去，讓此一極具意義的活動成為我社年度活動主軸之一。

20 年來參加受惠的學生逾數萬名，首幾屆的學童多已成家立業，當向他們自己的孩子們提及往事，必然津津樂道，也傳遞「寓教於賽」的真諦。更令人驚訝的是，每年參加比賽的孩子們，在主辦單位特定的題目，如國際扶輪社當年的形象口號或社會的重大議題做為發揮的題材，他們用既純真又掩蓋不住天馬行空及無遠弗屆的想像力來表現，確也往往超越甚至穿透成人的認知與思維。

（二）、慧心家園婦女中途之家獎助學金。

為了照顧女性單親因遭遇離婚、喪偶、未婚懷孕、丈夫服刑或失蹤，或其他家庭變故須獨力照顧共同生活之 18 歲以下未婚子女者，台北市政府設立中途之家，以兩年為期，分段持續以較低價格提供單親媽媽與孩子們的居住。

2009 年，作者致詞南天扶輪社攜手輔育計畫。

　　2011 年度社長及秘書在理監事會提議下，為婦女中途之家的孩子們設置獎助學金，每年舊曆年前頒發，同時邀請社會局官員與全體婦女之家的單親母親及孩子們共同歡度新年圍爐與園遊會。由於每個單親及孩子家庭最多兩年時間就必須獨立自主，遷出婦女之家，讓後續者也能有機會遷入，故稱中途之家。

　　為讓這些孩子們面對家庭困頓不至有自卑的心態及得到特殊的激勵，負責的小組用心規劃獎勵，不是按成績高低，而是以進步的幅度以及其他傑出的表現個別敘獎，也是一種深度「寓教於獎」的目的，此外，還有抽獎活動，總是設法讓孩子和母親們能感受到社會的溫馨及關懷。偶而也會有特殊臨時需求的案例，需要即時的救難與協助，社內也會及時熱忱地伸出援手。這兩年礙於疫情的隔離，但我們並沒有間斷愛心，不僅簡化方式，而且服

務內容更務實。每次看到單親家庭縱使短暫的齊聚既滿足又開心的樣子，讓人感動不已且雋永難忘。

（三）、大手牽小手感化教育計畫。

我社對養老院的長者及孤兒院的幼者關注頗多。台灣社會充滿善心，愛心源自儒家兼愛的歷史教化及社會溫情，在物質捐輸不匱乏之下，反而精神的輔導相對不足，尤其是對社會邊緣的青少年，很容易造成社會未來的陰暗與沉重的負擔。

有鑑於此，第五任社長與社會服務主委向當屆理監事提出了「大手牽小手的感化教育」的社會服務項目，當即得到全體理監事會的同意及全力支持。藉大專院校相關科系的資源，注入邊緣青少年憤世嫉俗的情緒中，俾得相得益彰之效。我們以樹林芥菜籽種惠愛心育幼院為對象，該院孤兒都因少小家庭變故年紀多在初中及高中的叛逆階段，首次往訪向孩子解釋我們的想法，孩子們個個冷漠、怒目相視、表情嫌惡，讓我們很驚訝，經輔導老師解釋，方知他們的父母多因犯下刑事重罪被判重刑而離異，從小就乏人照顧，對社會不免抱持仇視，反感或自卑的心態，無法敞開心胸面對外人。因此我們邀請國立師範大學相關心理與輔導學系的助教及大二至碩士班學生，共同開會溝通，研討如何在配合學校既有課程進度規範下，安排學生們以一對一的方式來開導與輔導孤兒們，讓他們打開心理障礙，達到「寓教於輔」和「案例研究」（case study）的雙重目的，既各取所需，又相輔相

2015 年，作者（中）與泰國姊妹社創社社長及其當年度社長等合影。

成。所有的費用和成本概由我社完全負責。經校方首肯及學生配
合，同時也邀請國際 3350 地區泰國雙龍姊妹社（Suan Luang Club,
Thailand） 共襄盛舉，作為協辦單位，並得到國際扶輪社（RI
Global Grant Fund）的支持。

　　師大學生們在助教的帶領分組下，進入育兒院開始做個別的
開導與輔導。萬萬沒有想到，初始孩童們完全堅拒與排斥，師大
學生與孩童們的年紀相仿僅在三至四歲之間，學生們一開始就受
到孩童們不斷的謾罵、奚落揶揄、酸言酸語，甚至動粗，令我們
相當氣餒與失望，一次又一次的打擊，也讓師大的小哥哥、小姐

姐們時常相擁而泣、相互打氣，老師們與我們也不斷給予鼓勵，每次擦乾眼淚，學生們仍堅持不懈地前行，讓人既疼惜更感動。好不容易，捱過一年，經學生們及助教的要求，我們盛大舉辦別開生面的成果發表會，也邀請校方、泰國雙龍扶輪社代表們及我社社友寶眷數百人參加，現場擠滿了當事人的學生、師長與孩童們。牆面上貼著許多小紙片，燈光昏暗看不清寫的字句。

現場在貴賓致詞完後，隨即熄燈，僅留下微弱的燈光，主持人逐一唱名育幼院的孩童們，當聽到自己的名字時，孩童走向牆壁，取下他所寫的字條走上講台，對著麥克風說出了他們想和哥哥姊姊共處一年的感言，盡是讓人潸然淚下、感動的短語：「請求你不要離開我！」、「你讓我明白什麼是感情。」、「你要畢業了我怎麼辦？」、「你還會來看我嗎？」、「以後我要去哪裡找你啊？」、「請你千萬要回來看我啊！」、「你對我有再造之恩啊！」、「你就是我唯一的親人。」、「我一輩子都不會忘記你……。」一句句的呼喚，一聲聲的請求，甚至有的孩童聲淚俱下不能自已，有的歇斯底里長跪不起，哥哥姐姐們也都衝上講台相擁而哭，叫聲哭聲迴盪在現場，盡是悲傷與離情，讓人不捨也不忍，在場的每一位都熱淚盈眶，這種真情的流露，完全出自肺腑，也出乎我們的意料，更確信大家都永誌難忘。

事後檢討，我們對「寓教於輔」的定義有了更深刻的詮釋與體認，也對教育心理與潛在輔導時深刻的「感與傷」，真是不容

輕忽拿捏啊。經事後檢討，若要續辦，除非正規教育有嚴謹的配套措施，否則不宜輕試。

（四）、偏遠地區復興鄉三光國小遠距教學。

桃園縣復興鄉三光國小創校於民國六年，日據時代，校內學生及家長都是原住民泰雅族人，多務農為生，以栽種水蜜桃和五月桃為主。由於地處偏遠，教育資源不足，迄今仍屬迷你，我社社友的孩子參加暑期活動，認識該校，並提出做為社會服務項目，前往該校訪問，當時學生共 32 位，沒有電腦設備，也與外界幾乎隔離，於是理監事會決議，除了捐贈 20 台平板電腦及教學電子白板周邊設備之外，也為他們設計初級英語教學，並透過由社友寶眷及台北科大學生定期一對一教學，進一步與台北美國學校同年級學生以及透過我社泰國姐妹社的安排，讓孩童們在線上互動交流，還邀請三光學童參加我社的電腦繪圖比賽，意義非凡。

次年，我們還為家長們設計電商網路，協助線上銷售農產品，並創造前所未有的三倍營銷，未幾受到地方行政部門的青睞做了更大的數位銷售規劃，我社以無比興奮的心情，將初步的規劃轉交行政部門持續推動。這又是一個非常有意義又有效的「寓教於贈」的實例。對偏遠國小的現代電腦軟硬體的贈與及協助，雖然即刻拉近了有形的距離，但是無形的差異卻更讓人關注。

20 年來，南天扶輪社的社會服務項目，國內國外參與極多，但總希望以有限的資源來呈現內在外在同步的價值，更冀盼藉由

每次社友們的精心設計，來傳達施者與受者之間共同而長遠的感動及教化。南天扶輪社特別重視，在追求扶輪社會服務的道路上，如何讓青少年們的心靈及體能均有正常的成長，這也正是我創社時立下的銘言：「南天無霸但求仁，扶輪有愛在尋真」，始終是我們追求的方向與目標。我願以扶輪的考驗為師，以南天的服務為志。

第 7 部

政策建言

●第三十篇 關心世局與政策

　　世界局勢與潮流以及國家政策與法規，是影響經濟貿易發展的兩大關鍵。從事國際經濟貿易的從業者當知，國際貨代及物流運送業者更要當然。百業交通為先，國際貿易相關的貨代物流對世局的認知與服務的提供，都必須要走在百業的前端，做到瞻前也顧後。不僅對專業服務深具創意及潮流的「敏感度」，也對相關在地政府的政策及法規也要有「及時感」。才能讓客戶感覺沉穩而放心，不致落後而不安心。

　　我對國內外局勢與政策的興趣，源自於高中時的導師嚴伯麻先生，他是一位自學苦讀的大陸流亡學生，素質很高、學養很好，每堂上課前總要花 15 至 20 分鐘分析評論當前發生的國內外大事，再加上口才便給、思慮純正，讓我們總是興趣盎然，眼界大開，如沐春風。

　　創業後，常為業務往返於全球各國間，也更貼近了局勢與潮流的脈動，再加上兩岸及亞洲的經濟蓬勃發展，同時牽動我對各地政府政策與法規的關注。偶爾我也為文投稿報章雜誌，分享感想與心得。

　　2017 年唐納‧川普代表共和黨，以極微票數擊敗希拉蕊，贏得第 45 任總統，喊出要讓美國再度偉大（America great again）的口號，算是積累了近 40 年自尼克森首度訪華以來，對中國崛起

的最大憂慮，才喊出積壓已久的真話，當警覺美國霸權深受挑戰，不再偉大時，就必須即刻開始著手將中國列為頭號敵人，想方設法阻撓、打擊中國全方位持續精進的發展，並匆忙想重新塑造新的偉大美國，為了達到目的不惜犧牲盟邦、疏離戰友，使美國再回到唯我獨尊的年代，可惜一步錯步步錯，反而使美國孤單面對中國的崛起。

川普的粗鄙與急躁加諸於中國的恰恰是激勵與推進，在這四年，中國的經濟愈加繁榮，社會愈加規範而律法規則愈趨國際化，這是他始料未及的。我在 2019 年 2 月 13 至 15 日連載三日，述之甚詳。

2020 年 11 月喬·拜登以激烈到幾乎與川普撕破臉的些微差距，當選第 46 任美國總統，為了彰顯突顯他與川普的不同，喊出美國回來了（America is back）。在操之過急於修補川普的孤立主義而拚命拉幫、結派，加上國內疫情失控及層出不窮的社會問題，讓拜登一上任就陷於左支右絀、窮於應付的窘境，阿富汗的匆忙撤軍及俄烏戰爭的背後唆使，更帶來全世界的紛亂及對美國的疑慮。

拜登以一位資深外交官的總統總想利用外交長才來玩弄分化與結盟，從而重回冷戰後美國不可一世的榮耀，竟不知世界今非昔比。我在 2021 年 5 月 18 日以淺談〈拜登的百日維新〉為題，連載三日，表達個人就拜登上任百日在國會演說的感想：（1）

新政府對於國內疫情的擴散束手無策與當下社會生態的陌生，顯然不易有大做為；（2）新政府對國際情勢的誤判，重啟世界隔離主義的壁壘，突顯美國的無知與傲慢，近利短視的盤算，昭然若揭。這個美國回來（American is back）正足以解釋為美國的倒退（backwards）。

2018 年自美國正式宣布中美貿易衝突開始，並片面提高關稅作為制裁，那既違反 UN 聯合國憲章的精神，也罔顧承認 WTO 國際貿易組織的規定，但仍在所不惜地採取單向報復。其中的兩大重點在：（1）貿易衝突只是藉口，全面抵制打壓才是目的，顯然川普火爆脾氣沖昏了頭，明顯的項莊舞劍意在沛公，但手段太過粗糙卻貽害世界無窮；（2）《西方大國的憂慮》（When Globalization Fails）作者（James MacDonald）以及《致命的中國》（Death by China）作者（Peter Navarro），寫出這兩本暢銷書的論點帶給西方世界，尤其是美國上下的恐慌，直指中國崛起就代表美國的衰敗。

尤其自 1978 年鄧小平提出「對內改革，對外開放」政策，帶動具中國特色的社會共產主義、計畫經濟與資本主義的並行策略，經 40 年的驗證，已然形成一定規模，成為僅次於美國的全球第二大經濟體，並正持續規劃朝社會均富的目標邁進。如此一來，中國將具有共產主義的公有效率，資本主義的市場自由，再逐步走上社會主義的均富理想，屆時中國將成為世界上唯一同時

推動三種主義的理想國。而以美國為首，舉著民主自由人權大旗的西方霸權將情何以堪？不圖與中國及全世界各國家共圖世界的和平共謀全球的繁榮。川普為了讓美國再次偉大，罔顧現實，與中國發生貿易對抗與制裁，同時為了自身利益，更採取孤立主義、隔離盟友，搞得灰頭土臉……；拜登上任急於表現他的外交長才，反而弄巧成拙，搞得全球風聲鶴唳、草木皆兵，經濟急速衰退，更糟的是撤兵及戰爭使美國威信盡失，尤有甚者，美元國際貨幣的地位逐步下滑，若想重回過去的霸權榮耀，將為時晚矣。無論歐盟、東協、中東、非洲或亞洲各國，都開始以自身利益為考量，而非盲目的政治跟隨，這讓美國全球的結盟處處制肘碰壁，再加窮兵黷武仍在全球持續大規模軍演……，這實在不是負有 30 兆美金國債的美國應有的作為。

這兩任超強美國資深總統，不但沒有發揮老謀深算的沉穩，反而顯出輕挑傲慢的急切，難與當年 44 歲、第 35 屆年富力強的甘迺迪總統同時面對、處理諸多危機事件時，保持尊嚴比野心來得重要的處理方式，既乾淨又俐落。也讓人懷疑美國真如拜登所言：美國是後退了嗎？（America is backward？）揆諸當前美國政壇，除了兩位糟老頭，還真找不出足以挑戰 2024 年總統大位、年紀較輕的候選人，同時美國兩黨的互相撻伐、內鬥不休，希望這個世界不要再繼續承受未知無盡的蹂躪……。

這兩任美國總統，讓我再度認清了政客短暫贏得了政治，但

●第三十一篇 推動亞太航運中心公聽會

1995 到 1997 年第一階段，推動建設台灣為亞太營運中心（Asia-Pacific Regional Operations Center），指的是六項專業中心，包含製造、海運、空運、金融、電信及媒體中心。原係日本經濟學家大前研一於 1993 年提出，由時任經濟部長蕭萬長採納後，成為當下經濟發展的策略，期盼做為發展台灣經濟第二春之軸心與動力。這是政府既定的政策，也是全民的期盼，而六大營運中心中的海運及空運中心，正是對我們最務實且最有潛力的項目。一如我言「百業交通為先」。當時中國開始推行（對內改革，對外開放）未久，許多基礎建設正在建構，台灣推動營運中心，有絕對的優勢與機會。

自 20 世紀中期，各先進國家就已經意識到單一國際貨物運輸，如輪船公司與航空公司都為公共運送人（common carrier），僅能提供港與港之間的服務，卻無法滿足託運人對於日益複雜的貿易形態中細項服務的要求，諸如進出口兩地的細項多樣的服務，以及銜接內陸公鐵路運送、集貨分裝轉運管理、倉儲報關保險、內河內江跨界運輸等等，於是 21 世紀國際貨物複式運送應運而生，延伸整合各單一貨物運輸及其相關的功能，而成為國際貨物海陸空全程運送的服務。

所謂國際貨物複式運送業，即本業在受貨物託運人之委託

時，將貨物由產地透過連續的單一運輸及多功能的相關作業，以達到貨物運送的全程服務。其間託運人無須顧慮各個環節之間的銜接與協調，委由本業承擔所有相關專業責任及工作。

因此，運輸業者可以專心致力於運輸實體的營運（operation），而本業可以專注貨物運送全程管理（full management of cargo delivery）的整體服務，將大幅增加對貨物的附加價值，兩者相輔相成，節省資源而相得益彰。

這種國際貨代物流的複式貨物運送服務業，直接促使了 21 世紀全球經貿與航運的蓬勃發展，並為後來的電商（E-commerce）新行業，奠定了穩固的國內外貨物跨境運送及配送服務網。

台灣的國際貨物複式運送業始於 1960 年，緣自加工出口業及加工出口區的興起，經由西方的貨物複式運送先驅應託運人的要求，委由台灣業者按指示開始運作，經過多年經濟的起飛及市場的變化、跟隨國際貿易的趨勢，全球超過總量 90% 以上的海運以及 80% 以上的空運進出口貨物運輸量皆透過本業處理。尤其國際貨物複式運輸業為世界之潮流（今稱其為國際貨代及物流業），超越各國之有形限制及無形障礙，成為無國界及無國籍的務實貨物運送服務，其效果也促使地區經濟之間火紅昌盛發展的互動。

台灣地理位置南來北往適中，一如新加坡之於南亞及荷蘭之於西歐，再加上近半個世紀進出口的實務經驗，原本就具備了發展亞太國際貨物營運中心的條件，但囿於兩岸「政商」難分的窘

境，在建設台灣為亞太航運中心之前，即先成立了「境外轉運中心」，以為「兼顧」及「過渡」，又因政治的考量，再自困於「三通」的泥沼，徒使兩岸證照及旗籍文件的限制，反而給了其他歐美日本國際貨物複式運送業者，藉機建立了運送服務的橋頭堡，不但自由服務於兩岸，更且聯結了世界。平心而論，若無對岸潛力無窮的實用市場，亞太營運中心之於台灣是緣木求魚，苦於我業在既有的架構及複雜的管理規則之下，只有望梅止渴，盡失商機。雪上加霜錯誤的「戒急用忍」政策，不但斬斷了亞太營運中心的思想脈絡，也抑制了共同面對世界的競爭力，豈只扼腕，更是傷痛。

國際貨物複式運送既為「進出貨物」的管理者（manager），當然與財政部的海關有密不可分的關係，然而本業的行政主管單位卻是交通部，讓業者不但尷尬，更是困擾，也道盡本業在發展中的苦惱。針對中國的「境外航運中心」，若能盡早縮短其階段性任務，大刀闊斧代之以「全境航運中心」，則建設台灣成為亞太航運中心或可實現。當時我曾大聲疾呼如何策劃「全境航運中心」，做為「亞太營運中心」規劃的前置，也有以下的建議，但言者諄諄聽者藐藐，為之氣結：

第一、設立國際貨物轉運送中心，切不可摒除貨代物流業者，既是中心，必然有許多溝通協調的機制存在。當政者僅著眼於擁有重資產的船公司及航空公司，而完全忽略了實質擔負「中心整

合功能」多在本業的軟實力。

　　第二，既以建設台灣為亞太航運中心為當前政府施政的要務，理應設立跨部會實質包含本業做全盤政策與技術的協調與諮商，為「全境航運中心」做開放的策劃、訂法、執行，避免舊法未除、新法難立的矛盾。

　　第三、擴大過去 30 年來經貿特區為台灣所帶來的實質經濟成果的模式，並透過前衛資訊的經貿網絡，將貨物進出口的管制鬆綁，使保稅、免稅散置島內各合適地區，以與各業各層次加工之結合，擴大運送及生產雙重的附加價值，深植台灣整體的經貿競爭力。

　　第四、落實政治的歸政治，經濟的歸經濟，不同的部門職司不同的任務，切勿畫地自限，雙向進行，互不相悖。亞太航運中心的目標是面對世界，必然大過小三通的談判。即使有問題，面對歷史的轉折也當及時解決，相信後續其他的政商議若逃不過意識形態，則貽禍整體經濟發展，豈止百年。

　　第五、本業不若船舶與航機受實質限制，若大力扶植並協助本業在 FIATA 的架構下，發揮國際貨物複式運送的整體功能，以與國際接軌公平競爭，從而建立台灣為亞太航運中心甚或至少全境航運中心的絕對優勢。

　　第六、把握與掌控亞太航運中心之契機，不可輕言放棄外人投資比例之限制，將貨源的掌控權拱手讓人，徒使未來的船機作

業選擇權操之在人。與其做「國機國輪」的堅持，遭致國際間的抵制，倒不如培植本地貨代物流業實質掌握貨源的總量，再作必要海空運輸實體的調整。

當兩岸正式通行之時，鼓勵本業放手參與兩岸貨源的經營與分配，尤其亞太航運中心之建立，亟需貨源的支撐，一個充滿運輸貨源的中心，將創造出無窮經濟的良性循環，諸如機場港口軟硬體急速的升級，多層次加工園區的設置，專業教育人才的培植等等。反之一個只重視硬體而缺乏軟體支撐的亞太航運中心，難免會見點不見面，必然無法面對全球的競爭。

（作者為台北市海運承攬運送商業同業公會理事長涂鄂良，此文分別於1997年5月13日至16日刊登）

●第三十二篇 海運承攬運送業
外人投資比例

加入世界關貿及貿易組織（GATT ／ WTO），乃是國家整體經濟發展的必要，但在加入之前，必須做好經濟總體的全面檢核及修正，期具備加入的必備條件。尤其政府與產業界，將共同面對各會員國之間基於公平、開放、互惠的原則，而產生的自由化及國際化實質競爭的衝擊。如何才能落實行政革新及產業提升，正是政府與民間共同面對的重要課題。

關貿總協烏拉圭回合談判歷經 1986 年的東岬宣言、1988 年的蒙特婁檢討會議、1990 年布魯塞爾會議、再經 1991、1992 年的修正，以迄 1992 年的談判結束，89 個國家提出承諾，最後在 1994 年「服務業貿易總協定」定案，且將「海運服務業部分」委以各國海上運輸服務的相關部長級協商決議，作為處理及後續執行談判的模式。依此，各國乃在既定的架構下「捉對廝殺」，莫不以爭取對本國產業最大的福祉為協議及談判的底線。1996 年 6 月更在美國的強大壓力之下，多國亦初步完成承諾書初稿。

為了顧及各國經濟自主權的維護，以及多國經濟實力的差距，於是「市場開放原則」及「國民待遇原則」，乃成為協議及談判之緩衝，以期能真正「逐步自由化」及「擴大國際化」的基本精神，而「外人投資比例」透過多邊或雙邊的談判，正是兩個

具體原則的呈現。我們以台澎金馬經濟體也於 2001 年 1 月 1 日正式成為 WTO 第 144 個會員。

　　海運承攬運送業（國際貨代物流業）已被認定為海上國際貨物運輸的主流之一，毋庸置疑，也是各經濟強國在「海運服務業」協議及談判範圍中所極力爭取開放市場的重要項目之一，由於近年來國際海上貨物運輸「概念的革新」、「結構的改變」，均為因應世界經濟快速轉換以及競爭壓縮的需求，而國際海上貨物運輸已經步上了「貨物運送經理」與「運輸工具經營」專精分工與相輔相成的兩大平行產業。因而「船舶航空運輸業」與貨代物流業乃共同承擔了「海空運輸服務業」的完整機能，包含直接與轉運服務、接駁服務、倉儲服務、報關服務、加工服務、轉口服務、物流服務、內陸運輸服務等相結合，成就了國際貨物運送的整體解決方案（total solution）。

　　海運承攬運送業（貨代物流業）自 1986 年起納入交通部之正式管理，並被指定為「交通特許行業」，並訂有詳細的管理辦法。衡諸實施十多年來世界經濟快速發展以及本業的業務特性，為滿足客戶複雜多面的需求，其運作及功能早已超越了管理的原意及範疇。即使交通部善盡「管理」之責，也僅堪稱有苦勞而已。蓋因我業貨物運送之「經營管理」，乃在貨物進出口的安排與海關的作業密不可分，而海關作業隸屬財政部之管轄，若只強求業界在入「世界關貿組織」前改善經營體質，以便未來能健全穩定發

展，難免就成「竹籃打水」了。

外人投資比例之高低，在市場完全自由開放之前，原是優劣互見的階段性策略，實在應該依據產業發展的成熟度來調適，若匆忙接受政治的壓迫或條件的交換，則結果難料。本業在交通部說服下，已接受了由早期外人投資不得超過三分之一的限制，而今僅不得過半的退讓，已然表達業界為了配合政府政策推動的善意，也期盼拋磚引玉能博得回饋，藉此帶動政府行政革新、跨部會協調，並提升產業競爭力，以符合自由化及國際化的基本要求。

然而，如今僅就交通、財政兩部對本業業務管理的劃分及權責認定的管理，都仍在「原地踏步」，更遑論其他？而經建會為全國經濟最高指導諮詢中樞，也未曾建立過與業界正常溝通的管道，這也就難免會在了解業界向政府建言及整體政策規劃上「失諸偏頗」，尤其在 UN 組織下爭取相關的協議談判，與各國間平等、互惠的得失間，不免「顧此失彼」、「捉襟見肘」。

在邁向「建設台灣為亞太營運中心」的艱苦路途上，以及追求加入「世界關稅貿易組織 WTO」掙扎過程中，業者責無旁貸，以國際海上貨物運送人的身份，願意遵從政府的既定政策，並配合相關措施，以期達到協議談判的「表裡如一」與雙贏，或至少不輸的目標。因此，我們懇請政府相關單位進一步考慮開放外人投資比例的同時，務必與業者共同審度國內外產業的相關情勢及未來發展，以確保「維護整體利益」、「保障產業生命」、「珍

惜互惠資源」、「提升總體競爭力」，才不至於「不經意」間犧牲深具潛力產業的未來。我們必須提出下面幾個重點，作為相關部會對本業共同對「外人投資比例開放」的審慎思考！

（一）、如何突破目前本業在跨部會間管理與輔導的窘境，使本業有正常的生存及發展機會，並提供足以與國際業界公平競爭的條件。財政部自民國以來，本著為國家固守關卡的天職，迄未對本業表示有意了解，並與交通部共同協調管理輔導的準備。

（二）、如何使現有交通部的「特殊行業管理辦法」，因應未來市場開放後國際化及自由化的要求。此外，我國所稱特殊行業「管理」，也當有特殊行業「保障」的辦法，予以相互對應。

（三）、如何協助國內業者維持市場秩序，避免過度的惡性競爭，掏空國內產業的資源及競爭力，才能面對未來市場完全開放後的強勢競爭。

（四）、如何修訂新的管理辦法，來指導本業及其相關產業間策略聯盟，及上下游產業間的結合與整合，期能與國際業界作「立體平等」的競爭。

（五）、如何使業者在公平原則之下，取得「建設台灣為亞太營運中心」及「境外轉運中心」作業過程中的實質商機，以發揮本業的專長，以迴避非商業性的障礙，和提供無遠弗屆的國際貨物海運及空運與相關的全程貨物運送服務。

（六）、如何落實本業在「海運服務業運送人」的法定地位，

以與世界各先進國家具備雷同的權利及義務。

（七）、烏拉圭回合談判對「海運服務業」，既賦予各國雙邊或多邊的協議談判空間，則是否允許業者有機會參與、了解，或提供對等條件交換之建議及顧慮，各國將以其本國產業的特殊環境及需求來擬訂目標及底線，而我國亦不可「自形於外」或「自行其是」。

（八）、如何實質鼓勵協助本業所規劃完成並經國際認可的完整教育訓練課程，得以順利推展於學界及商界，使得此一符合新世紀的海運主流產業，得以普遍提升概念認知、銜接國際，並使相關產業取得共識，以培植總體經濟的競爭力。

國家整體競爭力在思考外人投資比例開放的同時，也就突顯了架構與實力的虛實，政府與業界均不得有「鴕鳥心態」，也不可以「得過且過」，要務實地將「問題」與「前景」，做詳盡的溝通及研判，然後做出客觀的分析及主觀的建議，予行政部門及業界放心放膽地執行，則我們要研究的將不是如何「限制」，卻是如何「鼓勵」外人投資比例之開放了。

（本文作者為台北市海運承攬運送商業公會理事長涂鄂良，1997 年 7 月22 日、23 日連續兩天刊登）

第 8 部

海外遊蹤

●第三十三篇 心靈之都 維也納

在我創業生涯中，足跡遍及全球，忙碌的公務行旅，偶而也會偷閒，趁週末抽空，享受轉換生活步調的樂趣，雖是走馬看花，時有心靈與美景邂逅的感觸。回憶過去驚鴻美景，依稀猶存，分享於下……。

維也納，一個得天獨厚，蘊藏著無數戰爭、多樣文化、豐富藝術傳統的歐洲古都，初秋之際，愈發透露出它迷人的氣息。那年個人代表公會參加世界年會，適逢其時，讓我也有機會倘佯在音樂夢幻之都的廣場，享受莫名混雜的興奮及冥想中。

早在第五世紀初，羅馬帝國即派兵駐守於此，以防匈牙利的侵犯，直到第十世紀德國巴本多王朝，把維也納變成了經貿中心，迄 16 世紀土耳其入侵，毀壞了維城原貌，同一世紀末土耳其戰敗，維也納方得恢復舊觀，此後維也納成為歐洲帝國文化爭相表象的中心。其間，拿破崙於 18 世紀初佔領過，經過 18 世紀中葉的革命，到 19 世紀初，維城是一個超過 200 萬人口的大城市。如今也是全球最多姿多彩且適宜居住的都市之一。

一次大戰後，哈普斯伯王朝瓦解，維城扮演帝國之都的結束，二次大戰希特勒也曾建宮於此，直到 1955 年奧地利才再度變為主權之國。我造訪的那次，巧逢維也納新城建立百年紀念日，雖然看不到什麼驚人的慶祝活動，但寧靜中卻感覺得到新城蛻變的悸

動。

維也納城內有兩條大河貫穿市區，城東為多瑙河，城中為丹奴比運河，常住人口約 150 萬，佔地約 415 平方公里，是奧國的文化、經濟、行政、政治中心，也是德國、捷克、匈牙利、瑞士，南來北往的轄輯之地，城內、城外、王宮、教堂、博物館、古堡林立、公園花園分散各處，街道多為單行，交通分為六大區，由電軌車各自環區繞行，只購一票隨上隨下，也無查票也無逃票，煞是方便。

滿城飄著濃厚誘人的咖啡香，隨處可見各異其趣的咖啡座，露天或店內任人選。人民素質文化水平極高，均能通數國語言（multilingualism），多彬彬有禮，絕非做作。近年歐盟開放不少東歐及南歐移民來此謀生，只見各色人種雜陳，卻罕見衝突，與相隔不遠的波西尼亞及塞拉耶佛有天壤之別。走在路上，雖也車聲人聲，但心中總是一番的寧靜。

奧地利過去戰爭不少，帝王也多，為展現各自的威權文化與藝術，因此每一位帝王都自建皇宮，各自氣派、各顯特色，也各領風騷。既入寶山焉能空手？也附庸風雅欣賞有名的管弦樂演奏、維也納少年合唱團演唱、軍樂隊表演等，果然仙樂飄飄，令人陶醉。也難得觀賞到世界唯一，有 400 年悠久莊嚴歷史的西班牙馬術學校的表演，真是整齊雄偉，令人肅然起敬。歷經不同的政爭及朝代更迭，維也納堪稱集世界文化藝術之大成，毫不為過。

維也納的美，是用心才會欣賞的，用情才能感受的。經過戰爭與痛苦，也只有在安謐寧靜中因體會而諒解。維也納創造了文藝、音樂、建築史無前例的豐功偉績，也為世人留下心靈極致的遺產。這絕對是一個值得一去再去的地方。

●第三十四篇 溫哥華初夏 別有風味

初夏訪溫哥華是頭一遭，來溫城不下六、七趟，卻巧總在冬天，而初夏的溫哥華展現的卻是另一番迷人的風味。

一個城市規劃的良窳，最怕人自上而下的鳥瞰，但溫城卻能坦然地披露它特有的氣質。在初夏溫煦的陽光下，我由機窗往下望，溫城一片清明，纖塵不染，遠山近水，河海交融，阡陌縱橫，屋櫛比鄰，車船川流，綠意錯落，寧靜華潤，歷歷在目，除了絢麗多彩的楓葉之外，更是一個好山好水的好城市。

溫哥華國際機場大廈建構雄偉，鋼筋合著玻璃帷幕，顯得剛柔並濟，亮麗光明，極度現代，青天白雲，蟲鳥花樹，共邀入室，旅客熙攘，恍入花園，讓進出機場匆忙的旅客，有個難得溫馨從容的空間。據稱香港新國際機場即參照規劃。

溫城確實集自然美景於一市，無怪初夏秋末號稱北美最佳又美的旅遊重點城市。此城有山、有水、有海、有島也有市，任你遨遊，登山、滑水、踏青、遊湖；還可逛街、駕帆、駛車、步行、飛翔、甚至人力車，任君選擇，都可以滿足最大的樂趣。溫城本身並不大，但五臟俱全，都在咫尺之間。

市容整潔、建築有序、不擠不吵、不髒不亂、摩天大樓不多而參天古木不少。大小公園處處，如斯坦利、伊莉莎、賽普勒斯、林園、伯納比等等，益顯盎然生氣。住宅商區截然不同，卻多優

美景觀，高樓平屋設計迥異，各顯風姿，讓人百看不厭。

許是職業使然，我覺得更有趣的是，溫城為西加最大的海港，多種水運方式因應需要及環境而自備一格。散裝船、雜貨船、礦砂船、運木船、貨櫃船、石化船、遊艇、郵輪、渡輪、舢板、帆船及許多不知名的船，羅列海面及河川間，或下錨、或航行、或作業、或休息、應有盡有，悠游自在、了無慌亂的壓迫感，像是純粹為了豐富點綴溫城引人入勝而設的一般。

西溫及北溫在溫城屬於較高級的住宅區，依山傍水、環境宜人，白天夜晚景色各異。別墅依山而築，各領風騷，人間美景盡收眼底，屋價所費不貲，與市區僅 99 號公路經跨海橋與史丹利公園（Stanley Park）銜接，該橋狹窄，竟日堵車，不聞改橋擴路之議，狐疑不解，經友人解說，不覺莞爾，竟是「寓禁於堵」，保持高級住宅的身價，也算一絕。

溫城生計多賴一年中五、六個月的旅遊旺季，以及天然資源如森林、礦產等。年輕學子工作半年，蟄伏半載，倒也生活愜意。但溫城淘金致富不易，與其經濟結構與景氣循環相關。

好萊塢（Hollywood）許多片商常在此拍攝影片，圖其低成本、好其環境美、距好萊塢近，兼具各種景觀，這真要大出全球觀眾的意外，也為溫城掙得不少外匯。

溫哥華，似改稱「溫歌華」更切，華人尤其中國移民在此歌舞昇平，也舉足輕重，尤其「錢」力無窮，令在地人忌恨交「加」，溫城的自然資源多為天然觀光，來自上帝順天應人，理所當然。

●第三十五篇 北歐之旅

2006 年 11 月下旬，我雖微恙初癒，但因重要會議，不得已仍搭晚上 10：30 華航 CI065 班機，經曼谷及阿姆斯特丹，轉北歐航空 SK5552 抵哥本哈根（Copenhagen），已是次日午後（台北時間約傍晚 6 點），整整 20 小時的飛行，雖是頭等艙，亦乏善可陳，豈是個不適、疲累可言。

在哥本哈根，入住 Radisson SAS Hotel，婉拒接機人的盛情邀餐，匆忙入房將自己丟進滿盆的熱水裡，才悠然回生……。

北歐寒冬，日短夜長，下午 3、4 點宛如天黑，早上不到 10、11 點依然夜半，很不習慣，刺骨的冷讓亞熱帶的我，雖往來數十年，仍覺畏途，今年聖嬰現象是個「暖冬」，仍在攝氏七、八度上下。

旅館房間面對彎灣的長河，河上舟船往返，彼岸「歌德」式的建築起伏綿延，在暗夜無聲中彷彿中古，燈光閃爍也似動畫，遠處高聳的耶誕樹與燈飾催告佳節將臨。

此岸沿河有寬闊的高速公路蔓延隨行，車輛頻繁，整日噪音不斷，後現代生活表露無遺，路旁枯樹林立，尤顯突兀，倒似滿街的男女流浪者無聊佇足，靜待上天的施捨……，卻不要小看來春它們都將披上新裝，英姿煥發而玉樹臨風，或亭亭玉立而花枝招展，綻放無限的生機呢！入夜，購物街人車擁擠，恍如走在台

北東區當地窗展（window show）精心設計，燈光顏色，時髦風行，煞是好看，久逛不覺其累……。市中心有一溜冰場，男女老少，醜俊惡美，翩翩溜舞，誰嫌褒貶，樂在其中。

記得有一年我在芬蘭的赫爾辛基（Helsinki），東道主請我吃晚餐，車泊餐廳對街，街寬兩個車道，車內極暖，孰知下車走到對街餐廳門口，我差點冷得休克，極凍感由鞋底腳心直竄心窩，眼淚鼻水霎時流滿面頰，耳根子好似被扯斷，頭痛欲裂，渾身顫抖，進得餐廳，極熱暖氣又撲面而來，真如水深火熱，說有多難過就有多難過，尤其從亞熱帶來的我並沒有防寒重裝備，入了餐廳，方知外面氣溫竟是攝氏零下 45 度。所以寒冬來北歐，我多半關在旅館，很怕出門吃飯應酬。但旅館待久了，又會因暖氣乾燥，全身發癢，真是冰凍火燒，不知如何是好，順此一提。

來此三國巨頭（Finland、Sweden & Denmark）一日會議，尚稱順利，次日地主國總經理 Allan 邀我午餐，走在路上，不經意見到路邊一塊中英文牌子，上書「台北文化經濟辦事處」，我順手推門而入，詢問代表在否？櫃檯服務小姐（丹麥人）竟以純正國語，客氣覆我：「抱歉，張先生不是代表，是大使……。」並取我名片入內稟告，稍緩來稱，大使會議中請稍待，約十分鐘，一位亞裔小姐入來，謙和問我是涂董事長嗎？並自稱是大使秘書 Tina，來丹 37 載，大使開會稍後接見，我稱無事，路過經此，打個招呼而已，Allan 正襟危坐，一臉愣然，頻詢我是否唐突？我稱

來哥本哈根應來拜訪，約莫十分鐘，正想告辭，一位灰髮中年紳士自稱高經濟組長坐下寒暄，並堅邀午膳，我稱路過拜會，恐無時間飲茶，孰料 Allan 緊接口：「我的榮幸（My Pleasure.）。」就叨擾了一頓午餐，害我費盡口舌解釋，絕無擇午時來討齋之意……。未見到這位不做代表的大使，代表處掛牌（representative office）也是無奈，但好骨氣、好規矩仍值得讚許。而這位高組長客氣有禮，餐後並稱下次返台，定來公司拜訪，Allan 為這次意外收穫，喜不自勝，中國人果然好客，我提醒他應多介紹友人來此簽證去寶島觀光，頻稱當然。

清晨搭計程車去機場，續飛瑞典哥登堡，司機為巴基斯坦人，頻問我要走快些（faster）或短些（shorter），我問他有什麼區分，直到下車，他還答不清楚，我看是無差，終究只是 15 分鐘車程，又是週日清晨……。搭的是 50 人座的螺旋噴射機，還算平穩，約 80 分鐘抵達瑞典哥登堡（Goteborg）藍威特（Landvetter）國際機場，不大，倒是少有的整潔。今年也因聖嬰現象，入冬一如丹麥溫暖，確實罕見，此地另家代理公司（同時在此也代理長榮海運）老闆 Stefan 親自週日大早接機，表示誠意……。入城頗感親切，終究來此不下數十次，多是原代理 ASG 接待，人不同景依舊，儘管眼熟，但北歐清晨街景總是吸引我。

隔著哥大河（Gota River）城分兩區，哥城建於 400 年前（1621年），當年瑞典人、英國人、蘇格蘭人、德國人及荷蘭人等因貿

易之便雜居於此，故今城內傳統仍各稱原區名，唯居民早已融為一體，不分彼此，只有硬體的建築反映了各自的特色，城內新舊建築雜陳卻不突兀，愈覺此城耐看，有文化、有歷史、有美感、有內涵，再加護城河、運河、城堡、海岸、綠茵、繁花、湖泊……，難怪吸引人。隔河城東多商鋪住宅，城西則工廠海港，此地人老實、誠實、踏實，省卻了許多人與人之間的誤解及隔閡，相對是個比較單純的社會，人們把時間都花在營造家庭、生活、工作和個人休閒的提升，見賢思齊，見不賢內自省，正反映了這個城市居民的心態，真實的生活只有單純，才是幸福。

清晨四時許，因時差被窗外的雨聲喚醒，拉開窗簾，果然滿街的冬雨，映著耶誕的霓虹，加上咆嘯的風聲，有種奇特的起伏感。北國寒冬盡下雨不下雪，極少見，今年銀色耶誕肯定泡湯。兩千多年前耶穌誕生，雖是喜事，卻譜出人與神之間的許多愛恨情仇、悲歡離合、罪衍與贖罪……。來往北歐數十次，多在冬季，總能感受異國冰天雪地的情趣。而大氣層持續污染產生的聖嬰現象（El Niño），恐怕不久也會易地而處，令人有不知今夕何夕又身在何地的驚嘆呢！謠傳不久的冬天，中東赤道將冰雪紛飛，而北國寒地將艷陽高照，那將是一個渾沌而荒誕的景象，眼前似乎正透露著為時不遠的訊息！往年來此，因又乾又冷，只有待在暖氣屋裡，總讓全身上下脫皮搔癢難耐至極，而這次拜聖嬰之賜，陰濕而不太冷，讓我有在家的感覺。

北國（Nordic countries）瑞典，一個常來不膩的世外桃源，我將再訪，每次心情儘有各種不同的感覺，卻仍喜歡歷久彌新的享受。

　　回程經曼谷飛台北途中，華航座艙長突然宣布，機上一名日本旅客不知是嚴重酒醉導致心臟病發或其他，必須緊急轉降馬尼拉機場急救，費時一個多小時安排妥當，重新加油，續飛台北，頭等艙共四人，其中一位滿頭白髮的老人趨前寒暄，自稱德裔猶太人，住美國紐約，出生於第一次世界大戰……，曾在以色列參加過第二次世界大戰，名叫 Forst，與第二任妻子常旅行，今年九十有三……，少菸少酒、不信教，仍常游泳及駕船，長子是美國名醫，口中僅有假牙兩顆，耳聰目明、拉雜健談……，讓我既景仰也羨慕……，其中他說了一句：「智者不謊（An intelligent person never lies.）。」此言不虛，我應以中國古語：「勇者不懼（A brave person is not afraid.）。」也為這趟旅程劃下了句點，突然之間我挺直了腰桿！

●第三十六篇 世外桃源西班牙

難怪作家三毛願意嫁給西班牙人而浪跡天涯,不見父老不夏漢,仍能終生樂此不疲。西班牙,人浪漫熱情,地世外桃源。確實與眾不同,多情奔放、自嘲幽默。無論從城市的規劃到建築的設計,或從文物的接觸到巷弄的交錯,總有各自的情趣,在西班牙不顯寂寞,也不覺單調,熱情但不黏膩。

西班牙佔 83% 伊比利半島與葡萄牙緊鄰,歷史文化像個標緻的混血姑娘,集拉丁、阿拉伯、日耳曼民族優勢於一身。過去也曾威武遠播,幾經動盪,如今淪為經濟次國,武力不再,卻樂天由命,自歐盟成立,又逢生機,一片向榮,尤其是交通旅遊業。

政治更迭,卻不損歷史事跡,不傷英雄形象,處處雕像昂首而立,人人認同歷史功過,既不必竄改,更不容毀損,不羞恥不仇恨,樂觀包容是個快樂的國家。

夜宴後,主人招車送我返酒店,計程車司機堅拒加價超載,法有明文不論尺碼體重,載客一律四人,不偷巧不減料,令人肅然。

西班牙幾乎被地中海環繞,氣候宜人,土地肥沃,民性溫和,思想浪漫,樂天知命,在歷史起伏輪替中知所調適,總識時務,不卑不亢,不忮不求,頗有皇帝之於我何有哉的自由,不鑽營、不巴結,恰似一簞食、一瓢飲如浮雲般的豁達,也見乞討,亦是

一派悠哉無慮，即使富人，也是優容謙沖了無驕矜自滿。

　　相異有趣的是，午餐始終於午未時（下午 1 點至 3 點），晚餐則非至子時（晚上 11 點至凌晨 1 點）不始，丑時方休，人人嗜酒品酒，餐餐豪飲暴食，餐中酒後高談闊論，目無旁人，語快音高，得意忘形，日日如此，使人難以消受，夜夜宴席，讓人不敢領教，他們倒是樂此不疲、習以為常。

　　每個民族都有他們的特色，人生如戲，忠於劇本（命），熟悉舞台（運），扮好角色，得到掌聲，於願足矣，何苦奢求，汲汲營營，計計較較，人生未必更美好呢！

　　（寫於 2000 年 1 月 23 日）

●第三十七篇 再訪伊斯坦堡

　　土耳其位於歐亞非之間，北臨黑海，南臨地中海，西臨愛琴海，地理戰略位置重要，人種複雜，卻偏偏又是南來北往、走東去西的四方輻輳之地、是非之所，很難描述它的優點卻多神秘。伊斯坦堡是土國最大城市，也是經濟文化歷史中心，市內人口約1500萬人，三分之一屬亞洲，三分之二屬歐洲，市內擁擠嘈雜，區內頗多尖頂的清真寺，最惱人的莫過於，每天從起床到睡覺三至五次的祈禱禮拜時間，時間一到，隨著祈禱鐘聲，就是裊裊炊煙、軟綿疏鬆的音樂散播在空氣中，讓外來訪客很不自在。有次我搭計程車，半路突然司機將車子轉往牆邊停下，我問他老兄何事，他二話不說，已下車走向車後，打開行李箱，拿出好似臉盆蓆子類的，就在車前三到五公尺處伏地，隨著音樂有節奏地做起祈禱，約莫十分鐘收拾完畢，非常自然也理所當然地回到車上繼續駕車。之後我問代理，方知這就是他們傳統每日多次的禮拜時間。

　　我因業務往返伊斯坦堡多次，鮮少旅遊，一來匆忙，二來還真無法欣賞或了解此地相去太遠的文化及生活型態。尋祕探險終非我的務實個性，每次往返伊城，總由新加坡轉機，機上旅客前後左右幾乎多是穆斯林人，信奉伊斯蘭教，文化、習慣、言語、穿著、口氣及手勢，均異於一般人，總覺彆扭。

由新航窗口外望，伊斯坦堡在晨曦中透露出一股截然不同的清新感，鳥瞰環阿塔圖克機場（Ataturk）四周，一片綠化可見，機場平實無華，除了我們搭乘的新航之外，機坪停的清一色全是土航（Turkish）的飛機，值得一提的是，機場通關手續相對簡便許多，卻想不到海關竟挑中檢查我的行李，當然白查，我把查完的行李搶過來，再給他一個白眼，表示不滿。

　　出得海關，代理原稱派人接機卻遍尋不著，中東、中亞、印度人給我的印象，總不若歐美亞洲人說話精確靠譜。在機場只要有人靠近我，說甚麼不重要，我一律回以：「No！」以免誤會。只好自己雇車到旅館（Polat Renaissance Istanbul Hotel），不算豪華卻挺貴的，代理總幫我訂大套房（grand suite），讓我不解，一晚要價 Euro 295 元（約台幣 12000 元），讓我心疼，這次我不接受，要求換房至面海、樓高（17 層）、單房 Euro 125 元（約台幣5000 元）。稍事盥洗，下樓到餐廳點了一客茄子加羊肉串（Eggplant Kebab），其餘的菜也看不懂，每一客都在 Euro 30、40 元，貴得離譜，我只吃了 Eggplant，獨留難吃的 Kebab 串烤在盤中，以示抗議。

　　回房邊寫報告邊聽土耳其流行音樂，這音樂讓人聽來總黏黏糊糊，有扯不清，理還亂的感覺，這跟歷史文化、社會民情夾在歐亞非三大洲之間頗有關聯，又與中亞、中東、非、印度等地多所相似，即使想表達慷慨激昂，也說不清楚，滿腔熱血卻只急死

人，真不知從何說起。結構太複雜，表達太單純。歌詞呢呢喃喃，有點像含著麥芽糖在唱歌，關了噪音，我依窗面海，極目四望，海面上停了不少船隻，有點星洲海面的情景，可見伊斯坦堡地位重要，既是亞歐非交界，也是黑海、愛琴海與地中海交集處，人種混血多樣，面貌如歐洲，體型如亞洲，皮膚如中東略暗，市區人口擁擠，近年講究都市綠化及整潔，情況略有改善。

平心而論，伊斯坦堡風情萬種，還算漂亮，是有神秘魅力的城市，隔著博斯普魯斯海峽（Bosporus Strait），東邊是亞裔城，西邊是歐裔城，各有特色，各具風貌，既不相融，也不相斥，卻還兩看不厭，相互尊重也相得益彰⋯⋯。

土耳其也是近代史中鄂圖曼帝國（Ottoman Empire1299-1923）的後裔，曾經顯赫一時，跨越歐亞非三洲。抽半日空，往訪著名的托卡皮皇宮（Topkapi Palace），占地 60 公頃，Topkapi 意指高地通衢，皇宮建於 1459 年時國王莫罕默德蘇丹征服者（King of Mohammed the conqueror）所建，並持續 395 年為皇家正式行館，迄 19 世紀中。如今皇宮已成為博物館，收藏歷代古物及寶藏，其中古畫常見圓臉、細眼、柳眉，加上細八字鬍及高帽寬衣，就類似我們古時的匈奴、蒙古人。館中有二物，他處從未見過，86克拉全世界最大的天然鑽石以及 100 公斤黃金，加上 100 顆鑽石打造的蠟燭台。往者已矣，來者可追，輝煌的過去，不保證輝煌的未來。

老實說，土耳其的食物乏善可陳，食物千篇一律，肉串再加不同的佐配，難喝的啤酒加薄餅，連日吞著胃藥，還是胃酸逆流，苦不堪言，今晚我告訴東道主，再吃土餐我將絕食，且非中菜不可。想找中餐館還真不易，最終覓得一小館稱「Little China」，真如其名，不土不中的擺設，在狹窄的空間愈顯突兀。菜單英文夾土語，怎麼也猜不出是什麼菜，服務員冷眼旁觀，一副這群人又上當的感覺，我靈機一動，要主人問廚師來自何處？竟稱台灣，邀其前來竟是泰人，隨即請回，又稱老闆是中國人，主人大吼傳出，果然老闆小心翼翼開了門簾，冒出個頭來，自稱來自中國湖南，喜出望外，當下以不十分純正的湖南官話下了菜令，強調是老中吃的。俄頃，五菜一湯上桌，果真道地，吃得我胃口大開，讚不絕口，而陪食的幾位主人也嘖嘖稱奇，頻問有無菜單，再傳老闆湘君，以土語相詢，我聽不懂，只見東道主們似乎驚嘆連連，方知白飯菜餚皆是他們家人自用的，東道主很開心地說：「Mr. Tu 終於見你臉上發光，有笑容了。」我憋了幾天，受苦受難，無暇理他，埋頭苦幹。聽說 Little China 自此有了湘菜。下回再來，先訪「小中國」，吃飽再辦公事，得暇再仔細品味咀嚼這個原稱君士坦丁堡混血、已有三千年的古城吧。

　　（寫於 2005 年 8 月 15 日）

附 錄

瑞可集團大事紀

瑞可集團大事紀

1984 4月創立瑞歐有限公司 (Realco Co. Ltd.) 經營海運貨物運送承攬業及船務代理，於台北市民權東路601號4樓C室。

1985 增營國際航空貨物運送承攬業並擴大辦公室空間開始營運全球貨代業務。

1986 成立瑞其有限公司經營相關貿易業務。

1987 因應業務擴大辦公室遷至同棟整九樓並保留原四樓為瑞其及新設瑞鷗旅行社使用，董事長首訪中國。

1988 成立瑞柯船務代理有限公司並成立高雄分公司正式代理石化油輪業務。

1989 完成併購全達運通擁有甲種航空貨運承攬業許可證及報關行執照。

1990 成立瑞柯倉儲物流有限公司經營進口倉儲發貨轉運業務。

1991 成立瑞可運通有限公司，北市府重訂（編）地址門牌號碼。

1992 成立瑞可運通（香港）有限公司同時設立上海辦事處及天津辦事處。

1993 辦公大樓遭回祿之災，所幸人員平安、電腦文件無損。

1996 成立廈門辦事處。

1997 成立南京辦事處、台中辦事處、武漢辦事處。台北總公司完成 ISO 9002 認證。

1999	9/21 大地震辦公大樓受損成危樓，11/15 台北總公司遷往內湖區陽光街 345 巷 10-16 號 4 樓新辦公大樓。成立青島及北京辦事處。
2000	成立越南代表處，登記並於胡志明市、河內、海防設辦公室。成立大連辦事處。
2001	成立寧波、昆山、深圳、中山辦事處。成立緬甸辦事處。
2002	成立美國 P&R Logistics 公司於洛杉磯並設紐約辦事處。
2003	美國 P&R Logistics 併購 7 Seas Shipping。
2004	ISO 9001-2000 年版認證通過。假圓山敦睦廳舉辦 20 週年慶祝晚會。於上海舉辦 2004 年首屆瑞可集團全球經理人年會。
2005	於越南胡志明市舉辦瑞可 2005 年全球經理人年會。成立重慶、廣州、福州、杭州辦事處，成立大連分公司。
2006	成立溫州辦事處。於廈門舉辦瑞可 2006 年全球經理人年會。
2007	在天津舉辦瑞可 2007 年全球經理人年會。上海分公司取得 NVOCC 執照。
2008	經 MBO 由德郵購回全額股權成立 RTG(Realco Transportation Group)。

2009	美國公司更名為 Realco Transportation Group USA Inc.。ISO 9001:2008 改版完成通過驗證。
2010	成立湖北仙桃代辦處。
2011	成立瑞通有限公司經營貨代物流業務。上海成立瑞撰貿易有限公司。
2014	假台北和璞飯店舉辦公司 30 週年慶晚宴。成立瑞良實業有限公司（電子商務）。
2018	ISO 9001: 2015 新版認證。
2019	假台北典華飯店舉辦第 35 周年慶感恩餐會。瑞柯船務投資瑞世船務股份有限公司。正式成立越南 RTG Logistics company Ltd. 仍維持胡志明市、河內、海防辦公室。
2020	設立溫州瑞鴻供應鏈管理公司，經營跨境電商保稅倉儲業務。

四兩撥千斤

作　　者｜涂鄂良

出 版 者｜有故事股份有限公司

發 行 人｜邱文通

總 編 輯｜李漢昌

主　　編｜鍾祖豪、葉威圻

美術設計｜林雪盼、林姮聿

校　　對｜林姮聿、郭韋伶

地　　址｜110408 臺北市信義區基隆路一段 178 號 12 樓

電　　話｜（02）2765-2000

傳　　真｜（02）2756-8879

出版日期｜中華民國 112 年 3 月初版

印　　刷｜鴻霖印刷傳媒股份有限公司

總 經 銷｜大和書報股份有限公司

定　　價｜新臺幣 380 元

I S B N：978-626-95798-4-6（平裝）

國家圖書館出版品預行編目 (CIP) 資料

四兩撥千斤 / 涂鄂良著 . -- 初版 . -- 臺北市 : 有故
事股份有限公司 , 民 112.3
　　面；　公分
ISBN 978-626-95798-4-6(平裝)
1.CST: 涂鄂良 2.CST: 企業經營 3.CST: 臺灣傳記
　783.3886　　　　　　　　　　　　111020039